文化中行

国别文化手册

墨西哥

MEXICO

中国银行股份有限公司
社会科学文献出版社 编

社会科学文献出版社
SOCIAL SCIENCES ACADEMIC PRESS (CHINA)

墨西哥
MEXICO

中国驻墨西哥大使馆

（Embassy of the People's Republic of China in the United Mexican States）

地址：Av. Río Magdalena Num.172, Col. Tizapán San Angel, Del. Alvaro
　　　Obregón, C.P. 01090, México D.F.

领事保护热线：0052-1-5520936210

网址：http://www.embajadachina.org.mx

注：其他领事馆信息详见附录二

序

  2013 年，国家主席习近平在出访中亚和东南亚国家期间，先后提出共建"丝绸之路经济带"和"21 世纪海上丝绸之路"的重大倡议，向全世界宣告了亿万中国人民谋求和平发展，与沿线国家和地区共同合作、共建繁荣的美好愿景。"一带一路"战略布局无疑成为当今世界最大的系统性工程，得到国际社会的广泛响应。

  道之大者，为国为民。作为中华民族金融业的旗帜，中国银行早已将"为社会谋福利，为国家求富强"的信念植入血脉。在一百多年的发展进程中，不断顺应历史潮流，持续经营、稳健发展，为民族解放、社会进步、国家繁荣做出重要贡献。站在新的历史机遇期，以"担当社会责任"为己任，以"做最好的银行"为目标的中国银行，依托百年发展铸就的品牌价值和全球服务网络，利用海外资金优势，实现全球资源配置，护航"一带一路"战略，不仅具有得天独厚的优势，更是义不容辞的责任。

金融业是经贸往来的"发动机"和"导流渠"，是支持"一带一路"建设的中坚力量。中国银行作为国际化、多元化、专业化程度最高的国有股份制商业银行，截至2015年底，已在"一带一路"沿线18个国家设立分支机构，未来，将持续完善全球布局，增加对"一带一路"沿线国家的机构覆盖。可以肯定地讲，中国银行完全有能力承担起国家赋予的责任与使命，为构建"一带一路"金融大动脉做出重要而独特的贡献。

"一带一路"建设投资规模大、周期长，涉及众多国家和地区，金融需求跨地区、跨文化差异明显，这对银行业提出了新的挑战。如何跟上国家对外投资的步伐，如何为"走出去"企业铺路搭桥，如何入乡随俗、实现文化融合，成为我行海外发展面临的一系列重要问题。《文化中行——"一带一路"国别文化手册》（以下简称《手册》）正是在这个大背景下应运而生。《手册》从文化角度出发，全面介绍了我行已设和筹设分支机构的"一带一路"沿线国家的政治经济环境、金融发展业态、民俗宗教文化等，为海外机构研究发展策略、规避经营风险、解决文化冲突、融入当地社会提供实用性、前瞻性的指导和依据。对我行实现跨文化管理，服务"走出去"企业，指导海外业务发展，发挥文化影响力，实现集团战略都具有重要的价值。

最好的银行离不开最好的文化。有胸怀、有格局的中行人，以行大道、成大业的气魄，一手拿服务，一手拿文化，奔走在崭新又古老的"丝路"上。我们期待《手册》在承载我行价值理念，共建区域繁荣的道路上占有重要一席，这也正是我们实现文化"走出去"战略的题中应有之义。

2015 年 12 月

目录

墨西哥
MEXICO

第一篇

国情纵览

墨西哥
MEXICO ···

一 人文地理

1 地理概况

墨西哥合众国（The United Mexican States，以下简称墨西哥）位于北美洲南部，北邻美国，南接危地马拉和伯利兹，东临墨西哥湾和加勒比海，西南濒太平洋，海岸线总长为11122公里。其东、西、南三面为马德雷山脉所环绕，中央为墨西哥高原，东南为地势平坦的尤卡坦半岛，沿海多狭长平原。墨西哥是北美洲和拉丁美洲的连接点，著名的特万特佩克地峡将北美洲和中美洲连成一片，是纵贯南北美洲陆路交通的必经

墨西哥位于北美洲南部

墨西哥城，艺术宫

图片提供：达志影像

之地，素有"路上桥梁"的美称。

墨西哥国土面积达1964375平方公里，居世界第14位。其中，陆地面积为1959248平方公里，岛屿面积为5127平方公里。

墨西哥古印第安人培育出了玉米，因此墨西哥有"玉米的故乡"之称。墨西哥在不同历史时期还赢得了"仙人掌的国度""白银王国""浮在油海上的国家"等美誉。

2　历史沿革

墨西哥是美洲大陆印第安人古老文明中心之一，孕育了闻名世界的玛雅文化、托尔特克文化和阿兹台克文化。1519年西班牙殖民者登陆，1521年墨西哥沦为西班牙殖民地。1810 年 9 月 16 日墨西哥人民掀起了反抗殖民统治、争取民族独立的战争，1821 年墨西哥取得独立。1824 年 10 月建立联邦共和政体。1917 年颁布资产阶级民主宪法，宣布国名为墨西哥合众国。

3　重要城市

墨西哥有很多著名城市，下面介绍一些重要城市。

墨西哥城（Mexico City）

首都墨西哥城是墨西哥最大的城市，现为全国政治、经济、文化和交通中心。

瓜达拉哈拉（Guadalajara）

瓜达拉哈拉是墨西哥第二大城市，也是西部地区最大的商业、工业、金融和文化中心。

蒙特雷（Monterrey）

蒙特雷是墨西哥第三大城市。除了拥有美术馆、博物馆、森林、古迹以外，蒙特雷也是墨西哥一些大型工业企业总部的所在地，是全国第二大工业基地。

韦拉克鲁斯（Veracruz）

韦拉克鲁斯是墨西哥东海岸最大城市，该市人工港为墨西哥对欧贸易基地，是全国大型商港之一。

普埃布拉（Puebla）

普埃布拉是墨西哥主要的工业中心，过去只是以纺织业知名，如今还是汽车和钢铁工业的商业中心。普埃布拉还以拥有从文艺复兴、古典到巴洛克时期的历史古迹而闻名。艺术博物馆、教堂和古董商店也是其具有吸引力的旅游景点。

4　人口综述

据墨西哥国家人口委员会统计，截至 2014 年底，墨西哥总人口约 1.19 亿人，其中女性约占 51%，男性约占 49%。按年龄结构划分，0 ~ 14 岁占 27.4%，15 ~ 24 岁占 18.1%，25 ~ 54 岁占 40.7%，55 ~ 64 岁占 6.9%，65 岁以上占 6.9%。墨西哥人口结构呈现年轻化特点，人口平均年龄仅为 27.7 岁。

全国人口中，印欧混血人种约占 90%，印第安人后裔约占 10%；城市人口占 75%，农村人口占 25%。

各州之间人口密度差异很大，人口较多的三大城市为墨西哥城、瓜达拉哈拉及蒙特雷。其中，墨西哥城联邦区的人口密度最大，2014 年 7 月初发布的世界人口密度排行榜显示，墨西哥城人口密度在世界城市范围内排在第四位，低于中国上海，高于中国北京。

预计到 2050 年，墨西哥人口总数将达 1.5 亿人。

5　语言文字

墨西哥官方语言为西班牙语。此外还有 360 种美洲印第安语言。第一外语为英语，但会讲英语的人口比例较低。

特别提示

··

★ 墨西哥东西两面濒临大西洋和太平洋，这为其发展提供了各种机遇。

★ 墨西哥属于西 5 时区，当地时间比北京时间晚 14 个小时，实行夏时制时比北京晚 13 个小时。

★ 虽然独立建国历史较长，但墨西哥长期受到外部侵略和内部纷争的困扰，国家发展进程明显落后于与其具有相似殖民地历史的北方邻国。尽管如此，借助背靠美国的天然条件，发挥其在北美自由贸易区中的优势，墨西哥国民经济进入相对较好的成长期。

★ 目前墨西哥的华人约有 3 万余人，其中大约 1 万人住在墨西哥城，2 万人住在下加州、索诺拉州等相对接近美国的边境州。其中，下加州的蒂华纳地区已成为墨西哥最大的华人聚居区，当地华人多来自广东省，多从事餐饮行业。

··

二　气候状况

墨西哥气候复杂多样，由于多高原和山地，垂直气候特点明显。大部分地区全年分旱、雨两季，10月至次年4月为旱季，5月至9月为雨季。

国土面积中湿热地区占4.8%，干热地区占23%，温带地区占23.1%，干旱地区占28.3%，极干旱地区占20.8%。因墨西哥境内多为高原地形，冬无严寒，夏无酷暑，树木四季常青，故有"高原明珠"的美称。

首都墨西哥城属于高原地区，海拔2240米，5月平均气温为12～26摄氏度，最冷月为1月，平均气温为6～19摄氏度。

特别提示

★ 常见自然灾害：墨西哥自然灾害多发，最易发生的自然灾害有飓风、地震、地震引起的洪灾。

★ 主要环境问题：墨西哥的自然环境受工业污染严重，特别要注意空气及水的污染。

★ 在墨西哥还需特别留意蚊虫的叮咬，注意防范街上的流浪犬只。

三　文化国情

1　民族

墨西哥是一个民族"大熔炉",印欧混血人和印第安人占总人口的 90% 以上。全国共有 62 个印第安族、360 种印第安语言。墨西哥最大的印第安族群是纳瓦特尔族,人口达 244.6 万人,占印第安人总数的 23.9% ;其次是玛雅族,人口达 147.6 万人,占 14.4%。

自 20 世纪 40 年代初起,历届政府对印第安民族采取一体化政策,积极促进民族融合。

2　宗教

墨西哥人信奉宗教情况如下:5 岁以上的信教人口有 8497.4 万人,约占全国总人口的 72%。其中,信奉人数最多的为天主教,约占 88%,其他信奉的宗教还有:新教(福音教)、非福音圣经教、犹太教以及其他宗教。不信教的人口约占 3.5%。

墨西哥天主教有自身的特色,信奉瓜达卢佩(Guadalupe)圣母。瓜达卢佩圣母因代表国家统一、民族与文化融合而成为墨西哥的民族象征。

特别提示

★ 墨西哥教堂活动较多,如果恰好遇到宗教活动,应静静观赏,不要上前打扰;尤其注意不要与教徒谈论相关话题,更不要随便提及瓜达卢佩圣母,因为这被认为是亵渎神明的行为。

★ 到达墨西哥的印第安民族聚居地后,要注意尊重当地人的习俗和信仰,不要贸然行事,以免做出对他们所尊崇神灵的不敬行为。

3 风俗与禁忌

(1)服饰

墨西哥的现代服装是印第安式样和西班牙式样长期混合的产物。大城市居民的服饰已基本欧化,各种款式都有,但仍可看到传统文化的印记。居民们偏好穿着鲜艳的色彩,据说这与当年玛雅人的习俗是一致的,他们认为色彩对比强烈的衣着能驱退妖魔,保佑平安。

在特殊庆典仪式上,一些墨西哥人会穿着传统服装。墨西哥传统服装中名气最大的是"恰鲁"和"支那波婆兰那"。前者是一种类似骑士服的男装,后者为一种裙式女装。

只有在十分正规的场合,墨西哥人才讲究穿西装或西式套裙,在商务交往中,这种穿法是一种基本的礼貌。

（2）饮食

数百年来，玉米一直是墨西哥人的主食，墨西哥人习惯用玉米制作食品。辣椒、玉米、昆虫是他们的三大国食。墨西哥菜分头道菜、汤类、主菜和甜品，汤类较为清淡，用来突出主菜的酸辣特色。正宗的墨西哥菜多以辣椒和番茄为主打材料，口味偏好甜、辣、酸。墨西哥有"仙人掌之国"的称号。成熟的仙人掌果

墨西哥卷饼
图片提供：达志影像

呈紫红色，味道清香甜醇，可作水果食用。鲜嫩的仙人掌叶可作凉菜拌食，还可用来炼糖和酿酒。一般来说，在墨西哥人招待贵宾的宴席上，凉拌仙人掌叶是必不可少的。墨西哥人爱饮酒，待客是少不了酒的，当地有风靡世界的白兰地酒、以传统方法酿制的玉米酒、香蕉酒以及用龙舌兰蜜汁酿造的普格酒等。

（3）社交礼仪

墨西哥人社交习俗的特点可以用这样两句话来概括：墨西哥人好相处，潇洒大方有风度；生活浪漫喜自由，愿意无拘又无束。

在墨西哥，熟人相见时的见面礼节，主要是拥抱礼与亲吻礼。在上流社会，男士们往往还会温文尔雅地向女士们行吻手礼。不过，跟陌生人初次相见时，墨西哥人绝对不会这么做。一般情况下，尤其是与不熟悉的人打交道时，墨西哥人惯常采用的见面礼节是握手和微笑。

墨西哥人十分注意礼节风度和言谈举止。他们在公共场合一般都表现得十分文雅、礼貌和热情。但他们不注重守时，往往会迟到 15 分钟甚至半小时。

需要称呼别人时，墨西哥人的做法是比较保守的。在正式场合，他们从不主张直接称呼交往对象的名字，只在彼此十分熟悉时，才会有例外。通常，他们使用的称呼方式与欧洲人的正统做法相仿，即在交往对象的姓氏之前，加上"先生"、"小姐"或"夫人"之类的尊称。

外国人受到墨西哥人的邀请去做客时，带上一束花、一瓶酒就可以了，如果带上一件有本国特色的工艺品，主人往往会十分高兴。

（4）习俗禁忌

国花：仙人掌

国鸟：雄鹰

国石：黑曜石

最讨厌的数字：13

由于墨西哥人绝大多数信奉天主教，另有少部分新教徒，他们忌讳"13"、"666"与"星期五"，认为这些都是不吉利和令人可怕的数字和日期。

墨西哥人忌讳将黄色或红色的花送人。他们认为前者意味着死亡，后者则会给他人带来晦气。墨西哥人喜爱白色，但对紫色十分忌讳。

在墨西哥，人们忌讳蝙蝠及其图案，但不惧怕骷髅，不仅不怕，反而认为它象征着公正，喜欢以骷髅图案进行装饰。

墨西哥人忌讳用中国人惯用的手势来比划小孩的身高。千万不要用手心朝下、与地面平行的手势比划在小孩头部的位置，因为对于他们来说，这一手势只可用来表示动物的高度，他们会认为你在侮辱人。

墨西哥人一般不喜欢谈论政治腐败、军人地位、种族冲突、经济困境、墨美关系以及其他历史方面的话题。

4 重要节日

要准确统计墨西哥人一年到头的节日，恐怕是很难的：大到独立节、圣母节、圣诞节、三圣节；小至各地的狂欢节、万圣节，收获时的玉米节、棉花节、土豆节，以产品交流观摩为目的的银器节、吉他节、特吉拉酒节；等等。这些节日持续的时间，少则 1 日，多则 10 天、半个月，甚至一两个月。可以说一年 365 天，每天都有一部分墨西哥人在过节。在法定假日里，银行、邮局和政府机构以及大多数商家都会休息。

时　间	节　日
1 月 1 日	新年
1 月 6 日	三圣节
2 月 5 日	宪法日，每年这个日子，墨西哥政府都会举行纪念活动，总统发表讲话
3 月 21 日	华雷斯诞辰日，墨西哥人视前总统华雷斯为民族英雄
4 月的第二周	圣周，这是一年中重要的宗教节日之一，虔诚的信众会在这一周上演宗教的节目
5 月 1 日	劳动节，全国公共假日，全国各地工人白天举行集会或游行，晚上参加各种纪念活动
6 月 29 日	圣船节
9 月 16 日	独立纪念日，是墨西哥国庆节
10 月 12 日	种族节
11 月 1 ~ 2 日	亡灵节
11 月 20 日	墨西哥革命纪念日
12 月 12 日	瓜达卢佩圣母节，这是墨西哥最重要的宗教节日，庆祝活动要持续一个月左右
12 月 16 ~ 25 日	客店节和圣诞节

特别提示

★ 为商务活动、宴请宾客选择日子时，注意避开星期五。

★ 墨西哥人非常注重在公共场合着装的严谨与庄重。在他们看来，大庭广众之下，男子穿短裤、妇女穿长裤，都是不合适的。因此，墨西哥人出入公共场所时，男子会穿长裤，妇女会穿长裙。

★ 向墨西哥人送礼物时，不能送紫色类的物品或以紫色包装礼品。穿紫色系的衣服访问别人或招摇过市一样不受欢迎。

★ 很多墨西哥人喜欢中餐，特别是四川菜。

★ 如果在墨西哥见到餐桌上有"油炸蚂蚁"这道菜，不要错愕，这可是墨西哥瓦哈卡州一带的印第安人款待尊贵客人的高档食品。

★ 接到墨西哥人用西班牙语所写的信件时，切勿采用其他语言回复，不然会被视为失礼。

★ 商务活动中要注意，微笑和握手是墨西哥人的问候方式。男子绝对不能亲吻一位不熟悉女士的面颊和手。尽管大家都亲吻和拥抱，但这种习惯只用于熟人之间。

★ 墨西哥人非常担心自己会显得粗鲁无礼，因此，他们打骨子里非常排斥说"不"。所以，要注意了，即使他们事实上什么都不会做，也常常会说一些无伤

大雅的谎言，对他人的请求表示应承。如果一个墨西哥人跟你说，他会"马上"做某件事，那就准备好等待吧，"马上"一词可以表示"10分钟后"，也可以是"3个星期后"。

墨西哥

MEXICO

第二篇

政治环境

墨西哥
MEXICO ···

一　国家体制

1　国体、元首及国家标识

墨西哥国体为总统制共和国。

墨西哥现任总统为恩里克·培尼亚·涅托（Enrique Peña Nieto）。在 2012 年 7 月的大选中，他作为革命制度党和绿色生态党组成的"对墨西哥的承诺"联盟总统候选人赢得大选。2012 年 12 月 1 日就职，任期 6 年。墨西哥不设副总统。

墨西哥国旗

墨西哥国徽

2　宪法概述

墨西哥先后颁布过 4 部宪法。

（1）1814 年宪法

史称阿帕津甘宪法，是墨西哥历史上第一部宪法。由独立战争领导人莫雷洛斯主持起草，1814 年 10 月 22 日通过，其正式名称是《墨西哥美洲自由制宪法令》。由于独立战争失利，该宪法未能生效。

（2）1824 年宪法

1821 年墨西哥宣布独立，1824 年颁布了《墨西哥联邦宪法》。该宪法共 7 章 11 条，宣布墨西哥完全独立，实行共和制和联邦制。这部宪法对独立后墨西哥共和体制的确立起到了积极作用。

（3）1857 年宪法

1857 年宪法是墨西哥在改革运动中制定的宪法，于 1857 年 3 月 11 日颁布，同年 9 月 16 日生效。该宪法宣布墨西哥为代议制民主共和国，由自由享有内部事务主权的各州组成；规定私有财产不得侵犯；规定公民享有言论、出版、请愿、集会、通信、办学、经商、就业等自由。该宪法将 1855 年以来的自由主义改革以宪法的形式固定下来，具有进步意义。

（4）1917 年宪法

1917 年宪法是墨西哥现行宪法，全称《墨西哥合众国宪法》，于 1917 年 2 月 5 日颁布。1910 ~ 1917 年，墨西哥人民掀起了反帝反封建的资产阶级革命浪潮，并最终取得了胜利。当时的总统卡兰萨于 1917 年 2 月 5 日通过了新宪法。

1917 年宪法最著名的是第 27 条关于土地所有权的规定、第 123 条关于劳工问题的规定，以及第 130 条对教会的限制。

宪法第 27 条规定：墨西哥一切矿藏和资源的所有权属于国家，私人只能通过租让合同，取得对规定范围内矿藏和资源的开采权，国家有权首先把矿藏租让给本国公民。强调只有在墨西哥出生或加入墨西哥国籍的人以及墨西哥公司才有权购置土地、水源，获得开发矿山和矿物燃料的租让权。宪法对外国人利用墨西哥国家资源的条件做了严格的限制。宪法第 123 条就劳工权利等问题做了详尽的规定。宪法第 130 条和其他条款对教会的活动做了严格的限制。

1917 年宪法执行至今，历经多次修改。

二　政治制度

1　政体概述

1917 年宪法规定，墨西哥为总统制的联邦共和体制，立法、行政和司法三权分立。

（1）政府

联邦政府（即内阁）由 18 个部及 17 个部级单位组成，主要成员有总统、部长和总统指定的官员，部长由总统直接任命。总统既是国家元首，也是政府首脑，拥有广泛的权力。墨西哥宪法规定，联邦最高行政权属于总统一人，内阁成员必须服从总统，内阁实际上只是总统的一个集体顾问机构，但总统颁布的条例、法令和政令等，都必须由有关部长签署才能生效。此外，未经联邦议会或其常务委员会的批准，总统任何时期均不得离开墨西哥国境。

（2）议会

议会是国家立法机构。联邦议会分为参议院和众议院。两院议员不得连选连任，但可隔届竞选。

众议院有 500 名议员，其中 300 席通过多数代表制选举方式产生，200 席按各选区政党比例代表制方式产生，任期 3 年。参议院有 128 名议员，由 31 个州和 1 个联邦区各选 4 名组成，任期 6 年。

议会的主要职权有：批准条约以及总统关于法院、财政、外交、军队等高级官员的任命；审议并批准政府公共财政预决算；修改宪法；批准总统出访；必要时临时任命总统等。

2　政治中心

墨西哥城是墨西哥的政治、经济、文化和交通中心，是一个古老而又现代的城市。墨西哥城是世界著名的旅游城市。南北略长，东西略窄。东北是古文化区，西南是现代化的新兴工业区。宪法广场是墨西哥城中心。广场周围有国民宫、市政大厦、博物馆和大教堂，各式各样的建筑融古通今：阿兹特克人的大祭坛、殖民时期的大教堂以及以外交部为主体的乳白色现代化大厦集中展现了该城 600 多年来的沧桑巨变。

墨西哥大教堂

墨西哥城群山环绕，气候温和，四季如春，全城有多处大大小小的公园，景色秀丽。墨西哥城还有"壁画之都"的雅称，它集中了全墨西哥 80% 的壁画。国民宫的回廊、美术宫的内壁、大学的校园、饭店的大堂、剧院、医院、商场和银行的外墙……只要漫步在墨西哥城中，你就会不时看到色彩鲜艳、气势恢宏的壁画，它们早已成为墨西哥城不可或缺的组成部分。

3 主要政党

墨西哥实行多党制，主要政党如下。

（1）革命制度党

1929 年 3 月 4 日成立，1929 ~ 2000 年连续执政 71 年，宣称奉行革命的民族主义，主张对外维护国家独立与主权，对内发展经济和改善人民生活，为社会党国际成员。党的最高权力机构是全国代表大会。

（2）国家行动党

1939 年 9 月 15 日成立，为基督教民主党国际成员。国家行动党代表中上层工商金融界利益，主张保护私人企业，合理分配劳动成果，推行市场经济。

（3）民主革命党

主要反对党。1987 年 7 月成立，前身是全国民主阵线，1989 年 5 月墨西哥社会党（原墨西哥共产党）加入后改为现名，为社会党国际成员。党的基本路线是反对新自由主义经济结构调整，实现政治制度的民主化。2006 年，该党同劳动党、汇合党等组成"全民福祉"竞选联盟参加大选，最终以微弱差距落败。

此外，还有绿色生态党、劳动党、汇合党等。

4 主要政治人物

恩里克·培尼亚·涅托（Enrique Peña Nieto），总统；1966 年 7 月 20 日生于墨西哥州的阿特拉科穆尔科市；墨西哥泛美大学法学学士，蒙特雷理工学院工商管理硕士；2003 年 9 月，当选墨西哥州议员，并任州议会政治协调委员会主席；2005 年 9 月至 2011 年 9 月，任墨西哥州州长；为革命制度党党员，曾担任墨西哥州议会革命制度党党团协调人；2012 年 7 月，作为总统候选人赢得大选；2012 年 12 月 1 日就职，任期 6 年。

5 政治局势

2014 年，培尼亚政府大力推进结构改革，并在教育、电信、财政和能源等领域取得重大进展，为国家长期稳定发展奠定了良好基础。但执政党和在野党围绕结构改革也在进行着激烈的政治博弈。此外，墨西哥公共安全形势仍旧严峻，社会贫富分化加剧，政府官僚主义严重、贪污腐败现象较为普遍。墨西哥复杂的国内政治斗争、社会矛盾构成了近期主要政治风险因素。培尼亚政府对外政策目标是提升墨西哥在全球舞台上的地位，以美墨关系为核心，推进多元化外交。

特别提示

★ 政府官僚主义严重、贪污腐败现象较为普遍。透明
国际发布的《2014 年全球清廉指数》显示，墨西哥
在参评的 177 个国家中排名第 103 位。墨西哥受腐
败问题的影响，在法治方面表现不好，这也增加了
营商的不确定性。

★ 墨西哥社会治安状况欠佳，有组织犯罪难以得到有
效遏制。长期以来，以获得金钱为目的的凶杀、绑
架、偷窃、抢劫和勒索等犯罪活动频发，这一直是
困扰墨西哥社会的问题。其首都墨西哥城作为世界
上较大城市之一，社会治安问题也相当突出，恶性
案件不断发生。

★ 墨西哥不同地区间的差异和贫富差异显著，加深了
社会矛盾，增加了政府治理的难度。

三　行政结构

1　行政区划

墨西哥行政机构分为三级，即联邦、州及县市。墨西哥现有 31 个州和 1 个联邦区。州以下设市，全国共有 2454 个市。州和市在地方事务上享有自主权。

2　主要行政机关

政府分为经济、安全与司法、人文发展三部分，由 18 个部及 17 个部级单位组成。18 个部具体为：内政部，外交部，经济部，财政和公共信贷部，国防部，海军部，社会发展部，公共安全部，通信与交通部，劳动和社会保障部，环境和自然资源部，能源部，农业、畜牧、农村发展、渔业及食品部，公共教育部，卫生部，旅游部，农业改革部，公共职能部。

3　法律体系

墨西哥与投资相关的法律主要包括《公司法》《外国投资法》《经济竞争法》《工业产权法》《联邦劳动法》等。具体到各个行业和部门，也有一些相应的行业法规。《公司法》对公司的组织形态、设立一般公司和有限责任公司的基本条件做了规定。

《外国投资法》对外资进入方式、投资细则等问题做了规定，允许外国投资者从事墨西哥境内的绝大多数行业，甚至可以建立外资独资企业。《经济竞争法》借鉴了国际上反垄断立法与执法的成功经验，对垄断行为、企业集中、调查程序、咨询与意见的发布、案件的复审等问题做了详尽规定，同时制定了《竞争委员会内部规则》，对竞争委员会的工作规则做出了规定。《工业产权法》规定，墨西哥知识产权局和墨西哥国家作者版权局是墨西哥知识产权的主管机构。

墨西哥在保护劳动者权益方面的主要法规有《宪法》《联邦劳动法》《劳动程序法》《社会保险法》《劳动仲裁法》等，此外，还有最低工资条例、工人保险条例法规、劳动安全与健康条例以及职员培训条例等。

4　主要司法机构

墨西哥司法机构实行"双轨制"，即联邦和各州都有自己的司法系统，二者之间没有从属关系。联邦法院系统适用联邦宪法和法律。各州法院系统除适用联邦宪法和法律外，还适用本州宪法和法律。根据宪法规定：联邦的司法权属于最高法院、巡回法院和地区法院 3 级。

最高法院为联邦终审法院，最高法院大法官由总统提名 18 名候选人，再由参议院任命其中 11 人，任期 15 年。最高法院每 4 年从其法官中选举 1 人任院长，不得连任。

巡回法院是联邦上诉级法院，其法官由最高法院任命，任期 4 年。地区法院是联邦初审法院，其法官也由最高法院任命，任期 4 年。

　　联邦政府设有共和国总检察院和联邦区检察院。总检察长由总统提名、参议院任命。各州、市分设检察院，是总检察院的派出机关。此外，还设有联邦劳动保护检察院、联邦消费检察院、保护儿童和家庭检察院等。

特别提示

★ 为了给墨西哥公民创造更多的就业机会，墨西哥《联邦劳动法》第七条规定，在外资企业中，外籍人员与墨籍人员的比例不得低于 1∶9。技术或专业人员原则上必须是墨西哥公民，如果该项工作没有合格的墨西哥人可雇用，可临时雇用外国人。墨西哥相关法律对劳工的保护力度大，且墨西哥劳工的流动性很大。

★ 墨西哥经济部负责规范和拟订进出口和外商投资政策，提出并实施多边和双边经贸合作政策，并为经贸事宜建立多边和双边政府间联络机制。

扩展阅读

　　经济部代表墨西哥政府处理与世界贸易组织以及其他相关国际组织的关系并组织有关工作等。在习近平主席访问墨西哥期间，两国政府就提高双边贸易及双向投资达成一致意见。在由墨西哥总统恩里克·培尼亚·涅托和习近平主席签署的《联合声明》中提到，在中国设立墨西哥经济部代表处。该代表处目前由4名官员组成：北京办公处官员、公使何塞·路易斯·恩西索（Jose Luis Enciso）先生，参赞霍尔海·杰夫特·米彦（Jorge Jaffet Millan）先生，参赞罗伯特·卡布雷拉（Roberto Cabrera）先生，以及香港办公处的参赞苏珊娜·穆尼斯（Susana Muñoz）女士。

代表处自2013年9月1日开始工作。联系方式如下：

墨西哥经济部驻华代表处，墨西哥驻华大使馆

地址：北京市朝阳区三里屯东五街5号

邮编：100600

电话：+86 10 65323509 / 65323788

EMAIL：jose.enciso@economia.gob.mx

网址：www.economia.gob.mx

墨西哥经济部驻华代表处，墨西哥驻香港及澳门领事馆

地址：香港湾仔港湾道6—8号瑞安中心3004室

电话：+852 39448388

传真：+852 28453404

EMAIL：susana.munoz@economia.gob.mx

网址：www.economia.gob.mx

四　外交关系

1　外交原则

墨西哥是拉丁美洲大国之一，无论是国土面积，还是经济发展，都在拉丁美洲国家中名列前茅。独特的地理位置和发展中国家的身份决定了墨西哥的外交政策具有其独特性。一方面，墨西哥毗邻美国，其外交政策会受到美国外交政策的影响，因此长期以来，墨美关系一直居于墨西哥外交的首要地位，墨西哥对外政策的一个重要内容就是在墨美关系中保持平等的主权国地位；另一方面，墨西哥在历史上曾多次遭受列强的干涉，墨西哥人民为此进行了长期不屈不挠的斗争，这使得反干涉思想深入人心，并使这种思想演化成墨西哥的国策。

因此，墨西哥在国际事务中，一方面坚持"不干涉"和"民族自决"原则，奉行独立自主的外交政策，主张维护国家主权与独立，主张用和平方式解决国际争端。另一方面，由于墨西哥是一个发展中国家，随着国际和国内形势的变化，在不同的历史时期，墨西哥政府的外交政策又需要不断地调整。①

---

① 徐世澄：《冷战结束后墨西哥的外交政策中的变与不变》，《外交评论》2007年第 2 期。

2 大国关系

（1）与美国关系

墨西哥与美国有着长达 3000 多公里的边界线，这种独特的地缘政治特点对墨美关系的发展产生了重大影响，美国在墨西哥对外关系中始终居于特殊地位。美墨同属北美自由贸易区成员，美国的主要移民是墨西哥人。美国每年向墨西哥提供大约 4 亿美元的援助。2012 年 7 月，美国总统奥巴马重申美国将以"相互尊重、共同责任和两国人民密切联系"为基础的两国伙伴关系推动实现民主、经济繁荣和地区及全球安全等共同目标。

墨西哥政府寻求与自身实力相符的大国地位，积极参与制定新的国际秩序规则，参与联合国新组织形式的设计，参与政治、外交之外的更多领域的决策，参与国际贸易规则制定，在维护国家主权、平等互利原则下巩固墨美关系，着力解决移民问题。墨西哥反对美国修建边境隔离墙，以求通过对话与美国达成移民保护协议，突出领事保护的重要性，要求墨驻美使领馆切实维护墨西哥移民的合法权益。墨西哥重视推动北美自由贸易区建设，并将其视为发展经济和解决移民问题的根本，并继续加强与美国在打击贩毒和有组织犯罪方面的合作。

（2）与拉美国家关系

墨西哥与拉美其他国家有着共同的历史、文化和种族渊源，视拉美为"在国际上有着天然联系的地区"，希望通过广泛的政治和贸易联系加强与拉美和加勒比地区国家的联系。20 世纪

90 年代以来，"亲美立场"成为影响墨西哥与拉美国家关系的重要因素。

墨西哥重视加强同拉美国家的关系，积极参与美洲国家组织和里约集团等地区事务，呼吁拉美国家推动地区民主，共同应对挑战，并作为一个整体在国际经济组织中发言。墨西哥倡导并启动了与中美洲国家间的"普埃布拉 – 巴拿马计划"，并提出建立新的地区安全机制。2008 年 3 月，墨西哥当选里约集团轮值协调国。

卡尔德龙政府执政时，将巩固与发展同拉美和加勒比地区国家关系作为对外政策重点，强调墨西哥应在地区事务中发挥更多的领导作用。

墨西哥近年来务实地发展与拉美国家的关系。中美洲、加勒比以及太平洋联盟是墨西哥发展拉美伙伴关系的重点。2014年，墨西哥与中美洲"北三角"国家洪都拉斯、萨尔瓦多和危地马拉共同推动"繁荣联盟计划"，以解决日益严重的儿童移民危机。2014 年 1 月，培尼亚总统赴哈瓦那参加第二届拉美及加勒比国家共同体首脑会议，并对古巴进行了国事访问，这标志着两国关系进入了新的阶段。2014 年 6 月，墨西哥主办了太平洋联盟第九届首脑会议，四国总统签署《米塔角联合宣言》，就进一步免除关税以及股票交易所整合等达成共识。在利马举行的 2014 年联合国气候大会上，四国总统共同发表了太平洋联盟气候变化宣言。

在拉美国家中，墨西哥与古巴的关系值得一提。

由于地缘、历史等因素，从 1902 年起，古巴就开始与墨西哥保持了一个世纪的牢固友谊。墨西哥曾坚定地支持古巴。1994 年北美自由贸易区建立，墨西哥对美国的经济依赖越来越强。墨、古、美三角关系随即发生巨大转变。鉴于墨西哥的外交立场已经由以往的戒备美国转向亲美，而古美关系依然保持紧张局势，墨、古两国开始渐行渐远。

古巴与墨西哥在 2004 年曾出现关系紧张，外交关系一度降为代办级。自 2006 年卡尔德龙出任墨西哥总统后，两国关系才逐渐正常化，古墨议会间会议在促进恢复关系上起到了重要作用。2012 年初，卡尔德龙出访古巴，古巴和墨西哥开创了双边关系的新时期，因为两国领导人都有意愿达成谅解与合作。这次访问对古巴和墨西哥来说具有特殊意义，两国重新拾得了相互间的信任。

（3）与欧盟国家关系

墨西哥将欧洲视为世界力量的平衡因素和本国对外关系多元化战略的重要组成部分，注重发展同欧盟的关系。墨西哥1960 年即同欧洲共同体建立了关系。1975 年墨西哥与欧共体签署贸易和经济合作协定，成立双边混合委员会，墨西哥以观察员的身份加入欧共体并派遣大使。1994 年在美国和西欧国家的支持下，墨西哥作为唯一的发展中国家加入了经合组织。墨西哥大力推行对外开放政策，视欧盟为优先贸易伙伴。

墨西哥和欧盟还针对自由贸易协议进行了谈判。谈判历经9 轮，于 1999 年 11 月达成协议。墨西哥是美洲大陆第一个与欧盟签订自由贸易协议的国家。2008 年，墨西哥和欧盟成为战略伙伴，双方将加强政治和经济合作，同时加强在国际环境论坛方面的合作。

（4）与俄罗斯关系

墨、俄两国都是石油生产和出口大国，双方在能源领域可以发展出很多合作。苏联解体和东欧剧变后，俄罗斯一度与墨西哥的关系发展缓慢。福克斯执政后，加强了与俄罗斯的关系。2004 年 6 月，俄罗斯总统普京对墨西哥进行了为期一天的国事访问，这被称为一次"历史性"的访问，标志着墨俄双边关系中"新时代"的开始，这是自 1891 年墨西哥与沙皇俄国建立外交关系以来，俄罗斯国家元首第一次访问墨西哥。墨俄双方都表示高度重视两国关系。两国最高领导层之间的联系也在国际会议框架内不断加强，这些会议包括联合国大会、"八国"首脑会晤、亚太经合组织会议。

（5）与亚太国家关系

墨西哥对亚太国家的重视程度逐年提升。1990 年 9 月，墨西哥加入太平洋经济合作会议。1992 年 4 月，加入亚太议会论坛。1993 年 11 月，墨西哥成为亚太经济合作组织正式成员。

2013 年 4 月，墨西哥参加博鳌亚洲论坛，会上墨西哥总统培尼亚表示墨西哥和哥伦比亚、秘鲁、智利一起组成了拉美太平洋联盟，致力于经济一体化，并且发展与亚洲国家的关系，加强与亚太地区的经济合作，促进双边投资。

亚太议会论坛第 22 届年会于 2014 年 1 月在墨西哥巴亚尔塔港闭幕，会议通过了亚太政治与和平、叙利亚化武问题、中东和平进程、朝鲜半岛局势、各国议会合作共同防治腐败、气候变化、食品安全、加强亚太科教文卫合作、推进亚太经贸合作等领域的 22 项决议。

　　在亚太国家范围内，墨西哥与日本的关系值得一提。第二次世界大战后，墨西哥与日本的关系发展较快，尤其是在 20 世纪 70 年代以来发展迅速，两国高层往来较多。通过首脑之间的交往，两国经济、文化和技术交流迅速扩大。早在 20 世纪 90 年代，日本的电子、汽车、化学等企业就开始投资墨西哥。墨西哥和日本于 2003 年宣布建立经济合作伙伴关系。2004 年日本首相再次访问墨西哥，双方签署了以自由贸易协定为主体的经济合作协定。

　　日本安倍政府上台后访问中美洲的首站便是墨西哥。两国均为美国伙伴，日本首相安倍晋三与墨西哥总统恩里克·培尼亚·涅托有许多超越两国地理位置和文化差异的共同点——同样是来自保守政党的改革者，活跃于国际参与，并均视美国为对外政策的基石。此外，日本在墨西哥的支持下加入跨太平洋伙伴关系协定。如今，墨西哥是日本在拉丁美洲的首要贸易伙伴，而日本则是墨西哥在亚洲的第二大贸易伙伴。

3　主要国际参与

　　墨西哥是二十国集团（G20）、北美自由贸易区、亚太经合组织、经济合作与发展组织、美洲国家组织、拉丁美洲共同体、里约集团等组织的成员和不结盟运动的观察员。墨西哥是世界上签订自由贸易协定较多的国家之一，共签署了 234 个双边协定和 122 个多边协定；也是发展中国家中唯一与世界上两大贸易集团——北美自由贸易区和欧盟签订自由贸易协定的国家。

（1）墨西哥与北美自由贸易区

1989 年，美国和加拿大两国率先签署了《美加自由贸易协定》，这使身为发展中国家的墨西哥在北美经济大格局中面临被边缘化的危险。为了不在竞争中落后，墨西哥加入谈判。从 1991 年开始，经过 14 个月的艰苦谈判，墨西哥与美国、加拿大在 1992 年 8 月 12 日签署了《北美自由贸易协定》，1994 年 1 月 1 日，该协定正式生效。协定决定，自生效之日起 15 年内三国应逐步消除彼此之间的贸易壁垒，实现商品和劳务的自由流通，从而形成了世界上最大的自由贸易集团。

加入北美自由贸易区极大地促进了墨西哥的经济发展，但是也应该看到，北美自由贸易区各成员之间虽然享有减免关税的待遇，但由于墨西哥与美国、加拿大的经济发展水平差距较大，而且在经济体制、经济结构和国家竞争力等方面存在较大差别，因此彼此在减免关税上并不同步。此外，美国和加拿大同属发达资本主义国家，而墨西哥是发展中国家，因此短期内关税的大幅度减免，使得美、加的产品大量涌入墨西哥，导致墨西哥国内一些企业陷入困境，甚至出现跨国公司控制墨西哥某些部门经济命脉的情况。

（2）墨西哥与欧盟自由贸易区

1999 年 11 月 24 日，欧盟与墨西哥正式签署了建立双边自由贸易区的协定。自 1994 年墨西哥加入北美贸易自由区起，欧盟就希望加强与墨西哥的贸易合作。为了与美国争夺势力范围，1995 年，当时的欧盟委员会副主席马林提出了新的拉美政策。

　　1998 年 11 月 9 日，欧盟与墨西哥就自由贸易问题开始了首轮谈判。欧盟的主要目的是通过与墨西哥建立自由贸易区，与美、加争夺墨西哥市场，并通过墨西哥进入美国和加拿大市场。1999 年 11 月 24 日，欧盟与墨西哥终于正式签署了建立双边自由贸易区的协定。2015 年 5 月 8 日，墨西哥开始与欧盟进行自贸协定升级谈判。升级的目的是解决农产品贸易等方面滞后的问题。此外，在服务、电子商务、中小企业支持等方面双方也将进行升级谈判。

（3）墨西哥与亚投行

　　2015 年 4 月 15 日，申请成为亚投行创始成员国的大门正式关闭，亚投行创始成员国数量最终确定为 57 个。

　　财政部公布了全部意向创始成员国名单，涵盖亚洲、大洋洲、欧洲、拉丁美洲、非洲五大洲的国家，并且"金砖国家"——巴西、俄罗斯、印度、中国、南非均在列。

　　墨西哥没有加入亚投行，一是因为墨西哥和加拿大同与美国相邻，受美国影响比较大；二是因为墨西哥自身心有余而力不足，墨西哥是拉美第二大新兴经济体，国际油价的持续低迷拖累了墨西哥经济，政府财政拮据，而且墨西哥国内也有强烈的基础建设融资需求，因此墨西哥还是将注意力更多地放在拉美区域性开发银行层面。

特别提示

　　★ 近年来，墨西哥与拉美国家经贸关系疏远，与其他拉美国家之间的贸易额不超过墨西哥外贸总额的5%。

★ 墨西哥在拉美地区是个领袖国家，在拉美国家和美国之间起到桥梁作用，又是 G20 国家，所以现在墨西哥具有一定的世界影响力，有较强的地区影响力，与美国关系特殊。

墨西哥
MEXICO

第三篇

经济状况

墨西哥
MEXICO

一　能源资源

墨西哥作为拉美经济大国和世界重要的矿业生产国，拥有丰富的矿产资源。墨西哥主要的能源矿产有石油、天然气、铀和煤等；金属矿产有铁、锰、铜、铅、锌、金、银、锑、汞、钨、钼、钒、镉等；非金属矿产有石墨、硫、重晶石、硅灰石、天然碱和萤石等。储量居世界前列的矿产有银、铜、石墨、硫、重晶石、钼、铅和锌。油气资源是墨西哥最重要的矿产资源。

1　主要能源

墨西哥能源矿产资源丰富，是世界主要的能源生产国和出口国。从能源构成方面来讲，石油原油，占65%；天然气，占23%；可再生能源，占7%；煤炭，占3%；凝析油，占1%；核能，占1%。

（1）煤

墨西哥煤炭资源主要分布在东北部的科阿韦拉州和南部的瓦哈卡州。据墨西哥国家统计局数据，2012年墨西哥煤炭产量为1620万吨，同比下降5%；2012年墨西哥煤炭出口额约为7660万美元，主要出口市场是美国。

墨西哥煤炭的主要生产企业是Micare公司。

（2）石油和天然气

从地区分布上来看，墨西哥的油气资源主要分布在东北部海上地区。

墨西哥是世界第八大产油国。据墨西哥国家统计局数据，2013 年 1 月，墨西哥石油原油储量为 138.68 桶，同比有所上升，官方表示，该储量足以确保至少 10 年的石油生产。根据墨西哥国家油气委员会公布的报告，2014 年 5 月，墨西哥石油日产量为 249 万桶，比设定的日产目标少 3 万桶，与上年同期相比减少 2 万桶。墨西哥原油产量降幅居拉美和加勒比地区六大产油国之首，年降幅为 4% ~ 5%。

墨西哥为世界第九大石油出口国，其原油产量的 55% 用于出口，石油出口收入约占墨西哥财政收入的 1/3。美国是墨西哥最大的石油产品出口市场，墨西哥超过 75% 的石油出口到美国，其次为西班牙、荷兰。

墨西哥全国共有 373 个油田、630 余口油井、10 多个年产 30 万吨以上的大中型石油化工中心和近 250 个海上生产平台。墨西哥 80% 以上的石油产自海域，其国内最大的油田为东南部的坎塔雷尔油田，是 20 世纪 70 年代以来世界上发现的最大油区，有"小科威特"之称。

天然气方面，近年来，墨西哥对天然气的需求不断增长，但产量却有所下降。墨西哥天然气主要从美国进口，未来几年这种依赖性将继续增强。根据美国政府预测，墨西哥受内需增长和新建天然气管道基础设施的影响，未来两年的天然气进口量将翻倍。

2　主要资源

（1）主要金属矿产

墨西哥金属矿产资源主要有铜、金、银、铅、锌和铁等，多数金属矿产资源用于出口。西马德雷山脉是墨西哥最重要的有色金属资源分布地区，蕴藏着铅、铜、锑、钨、锡、铋、汞等有色金属。

①铜

墨西哥矿业集团为墨西哥最大的铜生产企业，其铜产量占全国总产量的 80% 左右。墨西哥国内最大的铜矿山位于北部索诺拉州的卡纳内阿市，其铜精矿年产量近 10 万吨。

②金

金矿主要分布在中央高原和西马德雷山脉，其中最大的金矿是墨西哥州的雷亚尔 – 德奥罗矿。目前，墨西哥是世界第十一大黄金出口国。

③银

墨西哥是目前世界上第一大产银国。2013 年墨西哥银产量为 1.86 亿盎司，但 2014 年下跌至 1.84 亿盎司。目前，墨西哥国内产银多数被用于太阳能板制造。位于萨卡特卡斯州的 Proano 矿为墨西哥最大的银矿，同时也是世界第二大银矿。墨西哥矿业集团在"银城"塔斯科（Taxco）开发的 Colorada 矿为全国第二大银矿。

④铅和锌

墨西哥是世界主要的铅、锌生产国之一。2012 年墨西哥铅矿山产量达 23.8 万吨，居世界第 5 位。萨卡特卡斯州的 Naica 矿铅产量居全国第一。2012 年墨西哥锌产量为 66 万吨，居世界第 6 位。墨西哥矿业集团拥有的位于圣路易斯波托西州的 Charcas 矿为墨西哥最大的锌矿。

⑤**铁**

墨西哥是拉丁美洲仅次于巴西和委内瑞拉的第三大铁矿石生产国。墨西哥境内最大的铁矿是位于科利马州的 Pena Colorada 铁矿。同时，墨西哥也是拉丁美洲第二大钢生产国，全国有十家左右的大型钢铁公司，多集中在蒙特雷及其近郊地区。

（2）主要非金属矿产

墨西哥为世界重要的非金属矿产品生产国，据墨西哥国家统计局统计，2012 年非金属矿业产值约 134 亿比索（约合 10.2 亿美元），其中，各种非金属矿所占比例为：萤石 23%、盐 16%、硫 14%、硅砂 13%、硫酸钙 10%、磷钙土 9%、石膏 4%、其他 11%。值得一提的是，墨西哥为世界第二大萤石生产国，Las Cuevas 矿为墨西哥最大的萤石矿。

特别提示

★ 墨西哥矿产资源储量丰富，其也在积极寻求相关方面的外部合作，这也为我国企业"走出去"提供了契机。

★ 墨西哥议会同意征收矿产资源税，规定所有从事特许经营项目的矿业企业每年必须缴纳 5% 的净收入税。

二 基础设施

1 重要交通设施

（1）公路

公路运输在墨西哥具有极为重要的作用，承载了 59% 的国内货物运输量、13% 的国际货物运输量、99% 的国内旅客运输和 92% 的国际旅客运输。

墨西哥公路网络覆盖面积广阔，境内几乎所有地区之间都有公路相连。墨西哥境内主要公路干线有 14 条（大多数是收费公路），可以连接各州的首府、边境城市以及各个海港。墨西哥境内公路分为泛美公路系统和国内公路系统，据墨西哥国家统计局数据，2012 年墨西哥公路网总里程为 37.4 万公里，其中联邦公路 4.9 万公里（含收费路段和免费路段）、州际公路 8.1 万公里、农村公路 16.9 万公里、其余路段 7.5 万公里。

（2）铁路

与美国和加拿大相似，墨西哥绝大部分的铁路用于货物运输。在过去 10 年中，由于墨西哥经济开放度提高，政府允许私人投资者经营铁路，目前铁路部门已向私人部门完全放开。墨西哥连接北美和南美市场的地理优势促使其在美墨边境建造了大量的中转站，通过港口、公路等设施与美国铁路系统连接。

墨西哥境内多山，高速公路网络发达，一般短途旅行及运输的主要交通工具为汽车，长途交通工具为飞机。2001 年墨西哥实行了国家铁路私有化政策之后，将境内 80% 以上的铁路出售给了私人，目前墨西哥绝大多数铁路均在经营货运业务，只有两段铁路还在经营客运业务。这两段经营客运业务的铁路分别是：从奇瓦瓦市到太平洋沿岸的托波洛班波市的长 500 公里的客运铁路，从瓦哈卡市到特瓦坎市的长 100 余公里的客运铁路。墨西哥客运业务由墨西哥铁路局国营。

据墨西哥国家统计局统计，2013 年，墨西哥国内铁路总长度为 2.67 万公里，其中近 2.2 万公里处于运营状态，采用的都是 1.435 米的国际标准轨距，年客运量 4192.3 万人次，年货运量 1.08 亿吨。铁路运输是墨西哥进出口货物的主要运输方式之一，承担了墨西哥国际货物运输量的 48%、国内货物运输量的 10%。

（3）航空

航空在墨西哥国际货物运输和旅客运输中作用较为突出。墨西哥航空运输业较为发达。国内外航线四通八达，国内以首都墨西哥城为中心，航线通往全国各地；国际上，同欧洲、美洲、亚洲许多国家通航。

据墨西哥交通部统计，截至 2012 年底，墨西哥共有机场 78 个，其中主要的 17 个机场运送近 86% 的乘客，这些机场主要分布于墨西哥城、坎昆、阿卡普尔科、瓜达拉哈拉和蒙特雷等城市。

（4）水运

水上运输，特别是海运承担了墨西哥部分国际货物、国内货物和出入境旅客运输的任务。根据墨西哥全国港口系统的统计，2013 年，全国货运集装箱载重共达 2.88 亿吨。此外，2013 年墨西哥沿海港口和国际游轮共接待船次 56710 次，累计接待乘客逾 996 万人次。

经过 20 世纪 90 年代的私有化改革后，墨西哥港口成功地完成了现代化改造，国内码头各种设施较为先进，同欧洲、美国、中南美洲和加勒比地区、远东地区、地中海地区和斯堪的纳维亚半岛的许多国家及地区设有定期或不定期的客货运班轮。墨西哥全国共有大小港口和码头 198 个，其中海港 140 个、内河港口 29 个、内湖码头 29 个。

墨西哥主要港口情况如下。

①韦拉克鲁斯港

该港为墨西哥东海岸的最大港口，位于东南沿海的西南岸，濒临大西洋，其所服务的市场为美洲东海岸大西洋流域，素有墨西哥"东方门户"的美称。它是墨西哥工商业中心，也是该国东岸农产品集散地，同时是墨西哥东部的重要铁路、公路枢纽和国际航空港。

②拉萨罗 – 卡德纳斯港

该港位于墨西哥的南太平洋海岸，位于墨西哥两大中心城市墨西哥城与瓜达拉哈拉之间。该港是墨西哥太平洋一侧唯一可提供到美国直达铁路国际中转业务的港口，主要进出口货物为矿产品。该港也是墨西哥唯一能接纳 15 万吨重型船只的港口。除现代化集装箱码头和杂货码头外，该港还以"粮食码头"著称。

③曼萨尼约港

该港濒临太平洋，位于墨西哥西南沿海曼萨尼约湾的东南岸、拉萨罗－卡德纳斯港西北 250 公里处，是科利马州的海上出入门户，主要进出口产品为农产品。曼萨尼约港是墨西哥太平洋沿岸最大的港口，拥有可供扩建的大量空间，除 100 万平方米土地随时可以使用外，还有 120 万平方米的港口远期建设保留用地。该港有铁路和公路连接工业区腹地，与太平洋海岸和美洲西海岸的交通便利。

④瓜马斯港

该港位于墨西哥索诺拉州境内。索诺拉州处于太平洋海岸加利福尼亚湾内，毗邻美国亚利桑那州。该港装卸货物以干散货为主，主要进口农产品，出口水泥等产品。该港腹地为墨西哥北部、美国西海岸等太平洋流域。

⑤坦皮科港

该港是一个扩建中的港口，近年来吞吐量不断增大，新建了集装箱、石化产品和化肥产品的专用泊位，目前有 9500 万平方米工业保留用地和 340 万平方米商业保留用地。由于与城市距离很近，该港发展空间受到很大限制。

⑥恩塞纳达港

该港濒临太平洋，位于墨西哥西北沿海，近美国边界，是墨西哥北部的主要港口之一。该港是太平洋航线上的主要港口，吞吐量正逐年增长，虽然其地理位置接近美国边境，但缺乏与美国相连的铁路，扩张潜力有限。

此外，在内河航运方面，墨西哥境内的通航河流和沿海运河总长度达 2900 公里。内河港口码头多集中在帕努斯河、格里哈尔瓦河、乌苏马辛塔河及其支流帕西翁河、夸察夸尔科斯河、科罗拉多河等河流。由于河流短小湍急，且一般只能通行小轮船，内陆水运在墨西哥交通系统中所发挥的作用微乎其微，在墨西哥水运中占优势地位的仍是海运。

2　重要通信设施

墨西哥电信和 IT 产业的发展在拉美地区处于相对较高的水平。截至 2013 年底，墨西哥共有固定电话线路 1968.4 万条；手机用户 1.03 亿人；电脑用户 1623.3 万人；互联网用户 5920 万人，相当于墨西哥人口的 52%，在互联网用户数量方面排名世界第 11 位。

3　电力设施

墨西哥居民电力服务接入率在 98% 以上。墨西哥电力领域主要由国家电力公司经营。墨西哥国家电力公司（CFE）在墨西哥电力工业中处于主导地位，拥有 92% 的发电容量和全部的输配电系统，还拥有所有地热发电和核电容量。CFE 拥有墨西哥国家电网，提供发、输配电一体化服务。

墨西哥国家电网分为四部分：北部电网、北下加利福尼亚电网、南下加利福尼亚电网和南部电网。其中，南部电网公司是最大的电网公司。墨西哥目前的发电能力仍不能满足其用电需求的增长。

特别提示

....

★ 目前墨西哥大多数公路状况良好，远行无碍。

★ 尽管墨西哥机场数量众多，但多数机场的设施标准不高，现在已难以满足日益增长的航空市场需求。

★ 2013 年，墨西哥总统培尼亚宣布，计划在未来五年投资约 1027 亿美元，用于建设铁路、公路、电信和港口。其所宣布的《2013～2018 年交通和通信基础设施领域投资计划》涉及墨西哥的第一条高速铁路，4 个机场、7 个港口的现代化建设，以及大约 5400 公里的高速路。其中既充满了商机，也蕴藏着风险。2014 年 11 月，墨西哥突然取消与中国公司签订的价值数十亿美元的高铁合同。

★ 墨西哥电网容量有限，发电方面的投资短缺，每年都会不同程度地遭遇全天断电或节能限电。加强基础设施的现代化建设是缓解墨西哥所面临电力危机的当务之急，但墨西哥法律对于能源市场的"零开放"限制却阻断了国内外的融资渠道，从而使面临财务危机的墨西哥国家电力公司无法获得急需的资金。

....

三　国民经济

1　宏观经济

（1）概述

2000 年以来，墨西哥经济表现出与美国经济的高度相关性。美国在 2001 ～ 2002 年和 2008 ～ 2009 年的经济衰退给墨西哥造成了明显的影响。同时，经济全球化的深化发展，使墨西哥相对于中国和巴西等后发国家渐失竞争力优势，出现了发展缓慢的态势。墨西哥是受 2008 ～ 2009 年金融海啸和全球经济衰退影响较为严重的拉美国家之一。

2013 年，受全球经济放缓和国际金融市场大幅波动等外部环境恶化的影响，尤其是受美国经济增长动力不足拖累，世界非石油出口和外贸有关部门增速显著放缓。与此同时，由于墨西哥政府换届，诸多宏观政策面临重大调整，墨西哥国内需求持续疲软。以上种种因素造成墨西哥经济增长势头趋弱。

根据墨西哥国家统计局数据，2013 年，墨西哥国内生产总值同比增长 1.1%，低于此前全年经济增长 1.3% 的预期，创 2009 年金融危机以来最低。其中，第一产业增长 0.3%，第三产业增长 2.1%，而第二产业降低了 0.7%。值得一提的是，商业和服务业为经济增长的主要推动力，占 GDP 比重超过 60%。墨西哥国民经济中消费和出口占主导地位。投资对墨西哥 GDP 的拉动作用虽然不如出口，但在出口增速下滑的情况下，投资（尤其

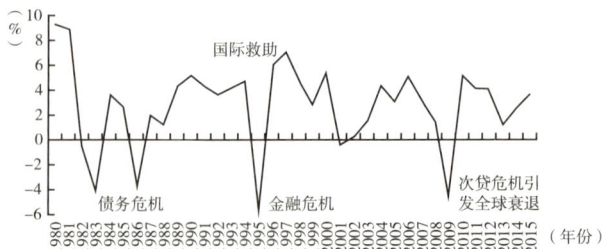

1980～2015 年墨西哥 GDP 增长率

注：图中文字说明了个别年份墨西哥 GDP 增长率出现大幅波动的原因。

资料来源：王毓《墨西哥国别风险分析报告（2014 年）》，中国银行工作资料，2014。

是私人投资）的增长对全年 GDP 的增长起了重要作用。

2014 年墨西哥 GDP 初值为 17.05 万亿比索，扣除价格因素后，实际增长 2.1％。人均国内生产总值达 10704 美元，创历史新纪录，并超过新兴经济国家 10051 美元的平均值。

（2）债务情况

经过多年的经济发展和财政整肃，墨西哥目前的外债水平已经控制在合理范围内。截至 2013 年 12 月底，墨西哥外债余额共计 1344.36 亿美元，同比增长 6.93％。其中，短期外债余额占 2.6％，长期外债余额占 97.4％。此外，据墨西哥财政部统计，2013 年政府债务占 GDP 的比重为 38.3％。截至目前，墨西哥举借外债的规模和条件未受 IMF 等国际组织的限制。

（3）国际收支与外汇储备

墨西哥的经常账户长期保持中小幅度的逆差，过去十年中，经常账户逆差在多数年份保持在 GDP 的 1.2％ 以内。但由于墨西哥的出口高度依赖美国市场，在美国需求衰退的时期其经常账户逆差就会明显扩大。据 IMF 预测，未来三年，墨西哥经常账户逆差将保持在 100 亿 ~ 140 亿美元之间，相当于 GDP 的 1% ~ 2%，继续处于可控范围内。在经常账户保持可控赤字的同时，墨西哥资本账户表现强劲。根据墨西哥央行报告，2013 年，资本账户结余 588 亿美元，相当于 GDP 的 4.7%。

墨西哥金融市场趋于稳定，外汇储备稳健增长。截至 2013 年 12 月底，墨西哥外汇储备金额为 1765.22 亿美元。侨汇方面，根据墨西哥中央银行的统计，截至 2013 年 12 月底，墨西哥侨汇收入共计 215.83 亿美元，同比下降 3.8%，下降的主要原因一是自 2012 年以来墨西哥本币比索不断升值，二是美国劳动力市场需求低迷，墨西哥劳工的失业率有所上升。

（4）财政收支

据墨西哥财政部的统计，2013 年墨西哥财政收入为 27031.95 亿比索，约合 2116.83 美元；同期财政支出为 30962.26 亿比索，约合 2424.61 亿美元，超过年初发布的财政支出预算水平。全年赤字 3930.31 亿比索，约合 307.78 亿美元。此前墨西哥政府为保证公共财政的稳健性和宏观经济的稳定性，曾提出 2013 年财政赤字为 0 的目标。

总体而言，该国财政赤字在良好可控范围。

2　贸易状况

（1）贸易发展

据墨西哥经济秘书处统计，2014 年 1 ~ 9 月，墨西哥货

物进出口额为 5899.0 亿美元，比上年同期增长 4.3%。其中，
出口 2941.3 亿美元，增长 4.6%；进口 2957.7 亿美元，增长
4.1%。贸易逆差 16.4 亿美元，下降 44.8%。

（2）贸易伙伴

墨西哥主要的贸易伙伴是美国、加拿大、中国、西班牙、
德国和日本等。其中，美国始终是墨西哥第一大贸易伙伴国、
第一大出口目的地和进口来源国。2013 年，中国超过加拿大成
为墨西哥第二大贸易伙伴国，并成为墨西哥第四大出口目的地
和第二大进口来源国。

（3）贸易结构

据墨西哥央行统计，在对外贸易中，墨西哥主要出口产品
包括机械和电气设备、汽车及其零部件、机械设备和锅炉及其
零部件、矿物燃料及其产品、珍珠宝石和贵金属、光学和医疗
仪器、塑料及其制品、矿石和矿渣、食用蔬菜和植物的根块茎、
饮料和醋等。

墨西哥主要进口产品包括矿物燃料及其产品、塑料及其制
品、光学和医疗仪器、有机化工产品、钢铁制品、橡胶及其制
品、铝及其制品、纸和纸板及其制品、医药产品、谷物等。

此外，墨西哥政府一直大力鼓励和推动农产品出口。

（4）辐射市场

墨西哥积极参与各种多边和区域组织以及论坛，不仅是世
界贸易组织（WTO）、经济合作与发展组织（OECD）的成员，
同时也是亚太经济合作组织（APEC）、拉丁美洲一体化组织
（ALADI）的成员。

　　截至目前，墨西哥已经签署了 12 个自由贸易协定，使自己的出口市场多元化，为进入北美、拉美、欧洲及亚洲等地区市场创造了优惠条件，同时吸引外国企业在墨西哥投资设厂。其潜力市场覆盖数十亿消费者。此外，墨西哥还在拉丁美洲一体化组织框架内签署了 9 个贸易协定，促进了拉美伙伴国之间进一步开放相互贸易。

截至 2012 年 2 月墨西哥签署的自贸协定

自由贸易协定	签订的对象国（或组织）	实施时间
北美自由贸易协定	美国、加拿大	1994 年 1 月 1 日
"三国"自由贸易协定	委内瑞拉、哥伦比亚	1995 年 1 月 1 日
墨西哥 - 哥斯达黎加自由贸易协定	哥斯达黎加	1995 年 1 月 1 日
墨西哥 - 尼加拉瓜自由贸易协定	尼加拉瓜	1998 年 7 月 1 日
墨西哥 - 智利自由贸易协定	智利	1999 年 8 月 1 日
墨西哥 - 欧盟自由贸易协定	欧洲联盟	2000 年 7 月 1 日
墨西哥 - 以色列自由贸易协定	以色列	2000 年 7 月 1 日
墨西哥 - 萨尔瓦多、危地马拉、洪都拉斯自由贸易协定	萨尔瓦多、危地马拉、洪都拉斯	2001 年 3 月 15 日（萨尔瓦多）、2001 年 6 月 1 日（洪都拉斯、危地马拉）
墨西哥 - 欧洲自由贸易协会自由贸易协定	挪威、冰岛、瑞士、卢森堡	2001 年 7 月 1 日
墨西哥 - 乌拉圭经济合作协定	乌拉圭	2004 年 7 月 15 日

续表

自由贸易协定	签订的对象国（或组织）	实施时间
墨西哥 – 日本自由贸易协定	日本	2005 年 4 月 1 日
墨西哥 – 秘鲁自由贸易协定	秘鲁	2012 年 2 月 1 日

资料来源：晨哨网研究部。

此外，墨西哥已经与世界上 29 个国家和地区签署了双边促进和相互保护的投资协定，为同这些国家进行相互投资提供了确定性和可预见性。此外，墨西哥还同 35 个国家和地区签订了避免双重征税协定。

2013 年 2 月，墨西哥、哥伦比亚、秘鲁和智利达成了经济一体化计划。根据该计划，四国于 2013 年 3 月结束原产地规则谈判，于 2013 年一季度完成四国间 90% 产品免税的谈判，于 2014 年整合四国证券交易所。

（5）贸易主管部门

①经济部。根据《对外贸易法》的规定，墨西哥经济部的职责主要有：管理对外贸易政策和关税制度，监管贸易，执行原产地规则以及进出口许可和配额制度；调查贸易保护事件，并在本国出口商于国外遇到相似调查时提供咨询；负责对外贸易谈判，建立出口促进机制。

②对外贸易委员会。作为联邦公共行政部门的国内咨询机构，墨西哥对外贸易委员会参与关税 / 非关税措施、出口限制的现有法规以及法规草案的审议，负责签署对上述措施立法的非约

束性意见和建议，并与利害关系人进行公开磋商。在调整关税税率方面，对外贸易委员须向总统以及享有贸易控制权的联邦议会提交相关的推荐意见，如果这些意见被接受，调整关税税率的政策将会以法令的形式签发，并在政府公告上予以公布。

③财政部。墨西哥财政部参与外贸的相关活动，主要职能是研究和起草联邦收入法案，征收联邦税，制定财政激励措施并评估其对政府收入的影响，指导海关、监察、财务等部门的服务工作。

除上述机构外，直接或间接参与贸易政策制定和实施的部门还包括农业改革部、外交部、卫生部、渔业及食品部、出口促进联合委员会（负责承担和协调出口促进工作）等。此外，墨西哥政府还就某些贸易政策问题，与一些民间机构，如对外贸易协调协会和国际贸易谈判咨询理事会等，进行磋商。

（6）贸易法规体系

墨西哥《对外贸易法》是规范其进口管理的基本法律，《海关法》《进出口关税法》《计量和标准化法》也在进口管理方面发挥着重要作用。

此外，墨西哥涉及对外贸易的比较重要的法规还有《证券市场法》《投资公司法》《政府采购法》等。

（7）贸易管理的相关规定

墨西哥的贸易管理规定主要体现在关税制度，进出口管理和许可证制度，技术规则、标准化和动植物检验检疫，原产地规则，以及贸易救济和贸易保障措施等几个方面。

①关税制度

《对外贸易法》和《海关法》是墨西哥关税制度的基础。
1982 年颁布的《海关法》规定，凡从事外贸业务的自然人和
法人，都必须缴纳关税，还规定经营各种外贸业务"不论其来
源地或输往地"都必须缴纳不同的税款。对于普通税，根据
《进口普通税分类表》从价征收。《进口普通税分类表》的分类
依据是布鲁塞尔关税理事会制定的《统一关税商品分类》。具
体来说，墨西哥对进口商品征收 7 档从价关税率，即 0、5%、
10%、15%、20%、35% 和 45%。但有 10 类产品适用从量税
率，45 类产品适用混合税率。同时，墨西哥的进口关税还有最
惠国税率和优惠税率两种，墨西哥关税减免清单中所列产品经
常变动。总统具有修改关税税率的权力。税率变化情况会以总
统法令的形式刊登在《官方公报》上。此外，墨西哥国内不生
产的商品，可免税从拉美一体化协会成员国进口。

墨西哥《海关法》规定，进口商除了要缴纳进口税外，还须
在完税金额的基础上再缴纳15% 的增值税和0.8% 的海关手续费。
若进口商运抵墨西哥的实际商品进口量超过商业发票所注明进口
量的 10%，或者实际进口商品属于商业发票未列的商品，则海关
可将这些商品作为违禁品予以没收，同时对进口商处以罚款。

墨西哥实行进出口关税配额制度。经济部根据 1993 年《对
外贸易法》及其相关条例所确立的机制发放关税配额。除农产品
外的其他产品只要获得配额证书，就可适用最惠国关税税率。

②进出口管理和许可证制度

《对外贸易法》第二章对进出口限制做了详细规定。根据

《对外贸易法》，基于公共安全、健康和公共利益等原因，墨西哥对 17 种不同税则号的产品以及相关来源国的产品采取禁止进口的措施。此外，还禁止进口或出口联合国安理会决议中规定的许多产品。墨西哥对以下产品采取进口限制：大麻（印度麻）及大麻制剂、吸食类药剂、硫酸铊、双乙酰吗啡、谷氨酸（味精）类产品、武器、石油化工产品、发动机、某些重要机械、汽车、旧轮胎、旧机器、旧衣服、旧办公用品等。此外，这种限制也适用于优惠条件下的进口、基于边境区域的特殊政策下的进口。进口许可证由经济部签发。

另外，涉及出口许可证的商品包括活牲畜、石油化工产品、放射性产品、濒危动物的皮革和肉等。

值得一提的是，墨西哥政府相关部门于 2011 年 11 月出台了限制铁矿石（包括赤铁矿和磁铁矿）出口的政策，有关纳税人须在"部门出口商登记处"办理登记，铁矿石出口企业必须到海关办理出口权审批手续。由于我国从事铁矿石贸易的企业较多，该政策对中国企业影响很大。

③技术规则、标准化和动植物检验检疫

墨西哥于 1992 年制定了《计量和标准化法》（该法于 1997 年和 1999 年历经两次修订），并于 1999 年颁布了《计量和标准化法实施条例》。这两部法律法规是墨西哥技术评估和标准化的法律依据，明确了墨西哥技术标准化分类的内容和技术规则评定程序，联邦机构在购买货物和服务时适用。

根据《计量和标准化法》的规定，在可能发生非法损害的紧急情况下，技术规则代理机构可以获得授权发布紧急技术规

则，以防止进口此类产品可能造成的损害，这种紧急技术规则的使用期限不超过六个月，连续使用不得超过两次，在第二次使用前，必须向经济部提交有关该技术规则使用效果的报告。

墨西哥技术规则有自愿性标准和强制性标准之分。强制性标准又称墨西哥官方标准，是为了保护人类、动植物的生命或健康，保护环境，或防治欺诈而针对商品、服务或生产过程建立的。自愿性标准又称墨西哥标准，主要用于指导消费者、生产者的行为以及提高产品或服务的质量。

目前，墨西哥动植物检验检疫的措施基本符合世界贸易组织技术壁垒的有关规定。

④原产地规则

目前，墨西哥原产地规则包括优惠原产地规则和非优惠原产地规则两类。自 20 世纪 90 年代中期以来，与墨西哥签订自由贸易协定的国家组成了一个特别的原产地区域。这种优惠原产地规则，遵循"充分加工和生产"，对不同产品有不同的认定标准。而另一套则是非优惠原产地规则，主要面向需要征收反倾销税和反补贴税的产品。

⑤贸易救济和贸易保障措施

墨西哥的贸易救济和贸易保障措施主要由下列法律和法规组成：墨西哥宪法第 131 条、1993 年《对外贸易法》及其相关条例、WTO《保障措施协定》、《海关法》及其相关条例、《普通进口货物税收法》及其相关条例和《建立规则以确定进口货物原产地及其反补贴税证明的协议》。此外，墨西哥签署的各种地区或双边协定中也有涉及反倾销、反补贴措施的规定。如果《对外贸易法》

与 WTO 协议有冲突或有遗漏规定，则优先适用 WTO 协议。

3　投资状况

（1）外国投资状况

墨西哥经济部公布的数据显示，2013 年墨西哥吸引外国直接投资 351.88 亿美元，与 2012 年相比增加 178%，创历史新高。按照外资种类划分，这些外资的 50% 来自新投资项目，29% 来自利润再投资，21% 来自公司间转账。按产业类别来分，工业占 85%，服务业占 14.8%，农业占 0.2%。按照外资来源国分，比利时占 37.7%，首次成为墨西哥最大的外资来源国；其次是美国，占 32.0%；随后分别是卢森堡 5.1%、日本 4.4%、德国 3.6%、英国 3.3%，其余 14.0% 来自其他 79 个国家。

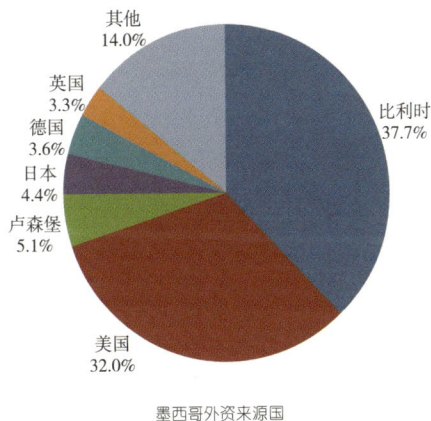

墨西哥外资来源国

（2）投资环境

墨西哥的投资环境优势主要表现在以下方面：①地理位置优越；②资源丰富；③市场潜力大；④法律体系健全；⑤人口众多，有富余、廉价的劳动力。

世界经济论坛《2015 ~ 2016 年全球竞争力报告》显示，墨西哥在全球接受评比的 140 个国家和地区中排名第 57 位，较上年上升 4 位。世界经济论坛认为，墨西哥在金融市场和创新发展方面有所进步。

（3）投资主管部门

墨西哥主管投资的政府部门或机构如下。

官方投资促进机构为墨西哥贸易投资局（Promexico），是墨西哥联邦政府负责吸引外商投资、促进对外贸易以及引导本国企业国际化的机构，其网站（www.promexico.gob.mx）为墨西哥专业投资促进站点，提供法律框架、行业状况、运营成本等信息，帮助外国投资者寻找合适的投资项目。

经济部外国投资局和外商投资登记处具有外资管理和协调职能，负责外资的准入、登记等相关事项。

外交部经济关系和国际合作副部长办公室，负责对限制地区的外资投入进行审批。

财政与公共信贷部，负责授予外资企业纳税登记号等。

此外，全国外商投资委员会是墨西哥私人部门和政府部门共同组建的非营利性机构，是一家外资咨询机构。外贸、投资和技术委员会是墨西哥国家级咨询机构，其主要职能是帮助和组织国内外企业参加展会、进行谈判等，为外商提供投资机会。

（4）投资法律法规

墨西哥与投资相关的法律主要包括《墨西哥合众国宪法》第 73 条、《外国投资法》及其实施条例。有关外资并购安全审查、国有企业并购、反垄断、经营者集中等的法律法规主要有《外国人投资法及其条例》《商业公司一般法》《联邦经济竞争法及其条例》等。具体到各个行业和部门，还有一些相应的行业法规。所有法律均可在墨西哥政府网（www.gob.mx）和墨西哥众议院网站（www.diputados.gob.mx）上查询。

（5）投资行业规定

墨西哥《外国投资法》对外商投资规定如下。

1）墨西哥国家控制的产业为：石油和其他碳氢化合物（相关运输、存储业务及有别于液化气的气体分拨业务除外），基础石化工业，电力（自用电、合作发电，用于小型生产、出售给联邦电力委员会、应急等情况下的发电业务除外），核能发电，放射性矿物，电报、无线电报，邮政服务，铸币及货币发行，港口、机场管制及监控等行业。

2）允许墨西哥公民和具备外国人特例条件的公司经营的产业为：国内陆上客货运及旅游运输（不包括信件及包裹运输）、汽油和液化气零售、广播电视（有线电视除外）、信贷合作社、根据相关法律设立的开发银行机构及专业和技术服务机构。

3）特殊法令限制外资股份的具体情况如下。

①最高可参与 10% 股份的：生产合作企业。

②最高可参与 25% 股份的：国内航空运输公司、驻机场出租车公司及特种航空运输公司。

③最高可参与 49% 股份的：金融控股公司，合作银行，经纪公司，债券交易专业公司，保险公司，外币兑换所，一般性仓库，融资公司，票据贴现公司，特定金融公司，证券市场法第 12 条所列明的公司，退休金经营公司，《联邦电信法》第 11、12 条所许可的公司，等等。

4）外资参与下列任何一种行业超过 49% 的股份，须经外交部外资委员会审议核准：内陆航行船只、拖船、渡船停靠港和下锚地的港口服务公司，外海船只作业的船务公司，公共机场特许经营公司，等等。

5）外资可 100% 控股的产业为：依据墨西哥行业及产品分类，在 754 种行业及产品中已开放 704 项，其中有 656 项准许外国人 100% 拥有股权，其余 98 项则依《外国投资法》规定。

6）中性投资与信托。为克服外国投资者在部分特定行业的投资限制，这些行业留给墨西哥公民或具备外国人特例条件的公司经营，或者限制外资的参股比例。按规定，经济部授权当地银行、证券经纪人、金融控股公司等发行中性投资文件，赋予投资者某些经济上的利益。但此类中性投资的投资者在股东会上不具有投票权。

另外，法律还规定，一般外资公司可在距边界 100 公里以内和距离海滩 50 公里以内的管制区购买土地，但必须先向外交部申请批准，所购买的土地不可供居住使用。外国人如拟在管制区内购买土地供居住使用，要以信托方式进行。依信托方式取得的土地，只有使用权而无产权，使用年限最长为 50 年，期满可申请延期。

（6）投资方式规定

墨西哥共有 6 种类型的公司，分别是：股份有限公司、有限责任公司、一般合伙公司、有限合伙公司、合资公司、合作公司。

股份有限公司是当地及外国人最普遍采用的组织类型，其又分为固定资本及变动资本股份有限公司。其主要特征是，具有公司名称、公司由股东组成、股东责任只限于认股。成立公司所需条件如下：股东人数最少 2 人，每人至少认购 1 股，每股面值的 20% 须为现金，最低资本额为 5 万比索（约合 5263 美元）。固定资本及变动资本股份有限公司的不同之处在于，固定资本股份有限公司的股本须由股东一次全部认足，公司额定股本变动时，须召开股东会修改公司章程；而变动资本股份有限公司的股本，只要在额定股本之内，可以随时增加，不必另行召开股东会，但须先在公司章程中写明。

在墨西哥也可成立有限责任公司，条件是股东至少 2 人，最多不超过 50 人。最低资本为 3000 比索（约合 315 美元），其中 50% 须在公司成立时支付。

特别提示

★ 在墨西哥投资一般行业无须经过事先许可，且墨西哥允许外国投资者在境内从事绝大多数行业。

★ 除个别有特殊规定的行业外，国外投资者可任意添购固定资产，扩充或迁移公司、厂房，同时投资其他新产业或新生产线等。

★ 外资公司还可以将公司利润、权益金、股利、利息和资本自由汇出。

★ 所有外国投资者和有外资参股的墨西哥公司需要在经济部下属的外国投资国家登记处进行登记。

★ 外商可在当地以独资、合资的方式进行新建投资，也可并购当地企业、购置不动产、开发矿山和水资源，但须将上述并购事项告知墨西哥外交部。

★ 墨西哥法律规定，在墨西哥境内，外商只能以三种方式从事商业活动。

1）设立代表处

营利性，须经经济部（商业财产公共登记处）注册；非营利性，须经经济部核准、财政部登记。

2）设立子公司

须到经济部和外交部登记。

3）登记为当地公司

所需时间最长为 106 天，最短为 70 天。若须向环境部和农业部申请使用环境执照，所需时间为 120 个工作日。

4 货币管理

墨西哥货币为墨西哥比索，可与美元、欧元及日元等货币自由兑换。2009 年金融危机时墨西哥汇率曾出现大起大落的情况，2011 年以来，墨西哥比索汇率相对较为稳定。

墨西哥实行盯住美元的汇率制度，在经常项目下和资本项目下同时实施货币自由兑换。目前，外资公司可在墨西哥境内任何一家合法银行开立美元支票及存款账户，开户最低额度由各银行规定，美元可自由汇出或汇入墨西哥。外资公司可将公司利润、权益金、股利、利息和资本自由汇出，公司盈利可在完税后汇出。个人也可在北部边境地区开立美元支票账户。

5　税收体系

根据墨西哥宪法规定，联邦政府、州（市）政府均有权征税，这被称为联邦和地方两级课税制度。联邦政府享有征收国内主要税种的权力，尤其是企业所得税，除联邦政府外，任何一级地方政府都无权征收一般企业所得税。地方政府包括州和市两级政府，有权征收的税费包括不动产税、薪金税（主要向雇主征收）、不动产交易税、经营资产税等，以及其他各种产权登记、经营许可证发放等费用。

墨西哥实行的税收制度不是完全意义上的分税制，因为墨西哥政府通过财政转移支付将联邦政府收入的大部分转移到地方使用，即中央掌握收入的绝大部分，而地方则拥有税收收入绝大部分的使用权。

墨西哥实行属人税制，征税对象是自然人或者法人。

墨西哥联邦政府实行的是以所得税和增值税为双主体的

复合型税制结构，现行税收体系所包括的主要税种有：所得税（包括企业所得税、个人所得税、资本利得税）；商业单一税率税；增值税；财产税（以资产为基础课征的最低税收）；进出口关税；工薪税（主要包括对工资课征的税收、社会保险以及工人住房基金）。另外，联邦税收还包括一些针对矿产资源和特殊商品及服务课征的税种，如对酒精饮料、烟草、汽油、电信服务和汽车征收的消费税。

（1）企业所得税（28%）

企业所得税的征收对象为在墨西哥境内从事经营活动的公司等法人。

2005年，墨西哥实行了一项重要的改革，即从当年1月1日起，允许公司将本纳税年度内缴纳的利润分享税从其应税所得中扣除。墨西哥政府希望此项改革能使得墨西哥对国内外的投资者更具吸引力。另外，从2005年1月1日起，在海运、空运以及陆地运输等方面发生的燃料支出，须与纳税人、信用卡、贷款卡或服务卡或电子基金核对后扣除。企业所得税在公司层面实行一次课征，雇主无须再从职员的薪资中扣缴所得税。

2007年，墨西哥企业所得税最高税率调整为28%，各种优惠税率也相应下调。

（2）商业单一税率税（17.5%）

墨西哥于2008年1月1日起实施商业单一税率税，该税种是墨西哥联邦所得税体系的一部分。应税所得主要包括下列三项：①销售货物（财产）所得；②提供独立劳务所得；③资产租赁所得（权利使用费所得）。应税所得不包括证券转让所得，也不包括从非关联方取得的股息、利息和特许权使用费收入。

（3）个人所得税（3% ~ 28%）

墨西哥的公民和居住在墨西哥的外国人都应缴纳个人所得税。墨西哥的居民，需要就其在世界范围内的全部所得缴纳个人所得税；居住在墨西哥的外国人，则只就其在墨西哥境内的所得纳税。在应税所得中，允许扣除医疗费用、慈善捐款、教育开支等费用。

（4）增值税（10% ~ 15%）

墨西哥的增值税对销售货物和提供劳务的收入、租金收入以及货物与劳务的进口等征收。但以下交易事项无须缴纳增值税：出售土地、书籍、信用凭证（包括出让股份的收益）和住宅类建筑物及相关建筑材料的收益，金融（信用卡的发行者支付的利息除外）、医疗和教育服务的收益，以及住宅的出租收入。

墨西哥境内增值税的基本税率为 15%，边境地区为 10%，境内商品和劳务的增值税税率为 10%。在确定适用税率时，作为非增值税应税收入的经营收入与增值税应税收入一起作为确定税率的依据。

（5）经营资产税（1.8%）

经营资产税是一种重要的地方税。它是以资产为基础的最低税收，按公司资产价值的 1.8% 征收，是联邦所得税的补充。经营资产税由各州和联邦区征收，税率各不相同，但联邦区的税率最高。该税种适用于个人和企业资产。

（6）不动产税（0.01% ~ 0.3%）和不动产交易税（各州税率不一）

不动产税是地方政府财政收入的重要来源之一。不动产税的税基以国家土地注册委员会和地方财政部门的评估价值为基础，这两个部门共同负责财产价值的评估。

（7）利润分享税（一般为公司应纳税所得额的10%）

不管公司的组织形式如何，雇员都应从公司的年收益中分享一部分利润，一般情况下，其分享率为公司应纳税所得额的10%，但新成立的企业可以例外。

特别提示

★ 2013 年，墨西哥实施财税改革以增加政府收入，改革的影响逐渐显现。但财税改革在增加税收收入的同时，也抑制了消费和投资。由于石油收入减少，墨西哥税务总局将加大稽查力度，以增加税收收入。

★ 在墨投资的外资企业汇出利润时需要缴税，税名是利润汇出税，税率因国家不同而略有区别。

★ 墨西哥的税收体系繁杂，且缺乏稳定性。

扩展阅读

2005 年，墨西哥和中国签署了避免双重征税协议。2013 年 10 月 31 日，墨西哥国会正式通过了财税改革议案。在中墨避免双重征税的协定框架内，结合本次税改的最新有关规定，我国企业在利润汇回方面须执行的税务规则如下。

1. 利息部分

从贷款的来源来看，①如果资金来自中国的银行，则预扣税税率在 5% 以下；②如果资金来自中国的企业或个人，且借贷双方满足税务条约的要求，预扣税税率为 10%；③如果借贷双方是关联方（子母企业、姊妹企业），则还需满足转移定价的规定（防止不当利益转移）。

2. 分红和利润

从资金的来源考虑，①如果资金是 2014 年之前的税后利润，则无须缴纳预扣税；②如果资金是 2014 年之后的税后利润，则需缴纳 10% 的所得税；③如果资金来自净税收账户以外的款项，则适用其他税费计算方法。

外国人不得携带超过 1 万美元或其他等值货币的现金、支票或其他收据入 / 离境，超过该数额则需填写相应表格向移民当局申报，违反规定将受到处罚。

四　产业发展

1　农业

农牧林渔业是墨西哥经济的基础。墨西哥主要周期性经济作物有玉米、高粱、大麦、菜豆、大豆、小麦、水稻、土豆和青辣椒等，多年生作物包括咖啡、橙子、芒果、柠檬、鳄梨、香蕉、桃子和葡萄等。墨西哥牧场面积较为广阔。农业主产区主要有锡那罗亚州、塔毛利帕斯州、萨卡特卡州和瓜纳华托州。墨西哥得益于较长的海岸线，海洋捕鱼业也很发达，主要产品有金枪鱼、虾和沙丁鱼等。墨西哥农业出口优势明显，出口的主要产品包括小麦、玉米、高粱等粮食作物，鳄梨、葡萄、柠檬、芒果等水果，以及冻虾、金枪鱼、牛肉、猪肉等。此外，龙舌兰酒的出口量也在拉美地区名列前茅。

墨西哥农业具有明显的二元化特点，全国农业明显分为两种类型：一种是位于与美国毗邻的北部和西北部地区的较为发达的现代化商品性农业；另一种是位于中部和南部地区的传统的小农经济，经营规模较小，耕作方式落后。此外，尽管墨西哥农业资源丰富，但粮食生产依然不能自给，国内农产品消费严重依赖进口，市场容量较大。

2 工业

工业是墨西哥国民经济中的重要部门之一，提供了全国30%以上的就业岗位。墨西哥拥有比较完整且多样化的工业体系，不仅拥有食品、纺织、制革、服装、造纸等轻工业，而且有钢铁、化工、汽车、机器制造等重工业，能源工业比较发达，石油工业和采矿业也具有悠久的历史。

（1）石油工业

墨西哥是世界第九大和西半球第二大原油储藏国。石油工业在墨西哥经济中占据重要地位，石油是墨西哥主要的出口产品和外汇来源。

（2）汽车业

汽车业是墨西哥最大的制造业部门。目前，墨西哥是全球第八大汽车生产商和第四大出口商。许多跨国企业在墨西哥建立了工厂，以充分利用墨西哥的廉价劳动力以及北美自由贸易协定所带来的便利。随着美国、德国、日本等国知名汽车公司在墨西哥投资的增加，汽车产业逐渐成为墨西哥的支柱产业之一，墨西哥也成为全球重要的汽车生产大国和贸易大国。

（3）纺织服装业

墨西哥是全球主要的纺织服装品贸易国之一，纺织服装业是其传统产业，在墨西哥国民经济中占据重要地位。墨西哥纺织服装行业的产品比较齐全，各类纱线、面料、家用纺织品、无纺布及各类服装、窄幅混纺布、平纹布和针织布是墨西哥传统的纺织产品。

（4）矿业

矿业是墨西哥最古老的工业部门。墨西哥是世界第一大产银国，且有 16 种矿物的生产跻身世界前十名，包括金、铅、锌、铜、铋、萤石、天青石、硅灰石、镉、硅、钼、重晶石、石墨、盐、石膏和锰。墨西哥是拉美最大、世界第四大矿产勘探投资目的地，2007 ~ 2012 年，矿业领域共吸引投资 250 亿美元。根据墨西哥矿业商会资料，2013 年墨西哥矿业部门吸引投资近 80 亿美元。

3 服务业

服务业是墨西哥产值最高、创造就业机会最多的产业。墨西哥服务业主要包括商业、金融、电信、旅游、保险、广告、传媒等行业。

五 金融体系 [①]

1 墨西哥金融体系

墨西哥金融监管机构主要包括财政部、中央银行（墨西哥银行）、全国银行和证券委员会、全国保险和债券委员会、保护金融用户全国委员会以及退休储蓄监管全国委员会。它们负责为金融服务部门的经营和结算制定具体的制度，并协调和管理这些部门的活动。金融机构被划分为四大类别：金融控股公司、信贷机构、证券市场机构和其他金融中介机构。

该国主要的金融和商业中心依次为首都墨西哥城、第二大城市瓜达拉哈拉和第三大城市蒙特雷。

（1）墨西哥主要金融监管机构

墨西哥银行。根据宪法规定，墨西哥银行拥有自主经营权和管理权。它负责发行和回笼货币，对金融机构进行再贴现和贷款，控制信贷规模，管理外国资本，负责国家外汇管理，代表政府与国外金融机构进行联系，开展国际金融活动，经营公开市场业务。此外，墨西哥银行还通过全国银行和证券委员会对商业银行进行监管，并配合政府的经济与社会政策开展活动。

全国银行和证券委员会。它从属于财政及公共信贷部，受其监管的金融机构总数为 820 家。其职能十分广泛，涵盖了对

---

① 本小节大部分内容引自中行工作资料《中国银行在墨西哥设立机构的可行性研究报告》。

金融监管机构

财政部	墨西哥银行
全国银行和证券委员会	全国保险和债券委员会
保护金融用户全国委员会	退休储蓄监管全国委员会

金融机构

金融控股公司	信贷机构	证券市场机构	其他金融中介机构	
23 家控股公司	42 家商业银行	1 家墨西哥股票交易所	96 家保险公司	119 家信贷联盟
	6 家发展银行	34 家经纪公司	20 家储存机构	14 家债券公司
	3 家发展信托公司	557 家投资基金	3 家金融租赁公司	10 家外汇交易公司
		87 家退休储蓄投资基金	19 家特殊目的金融公司	97 家储蓄和信贷金融实体
		1 家衍生品交易所	24 家商业银行监管实体	11 家金融让购公司
				2 家信用局

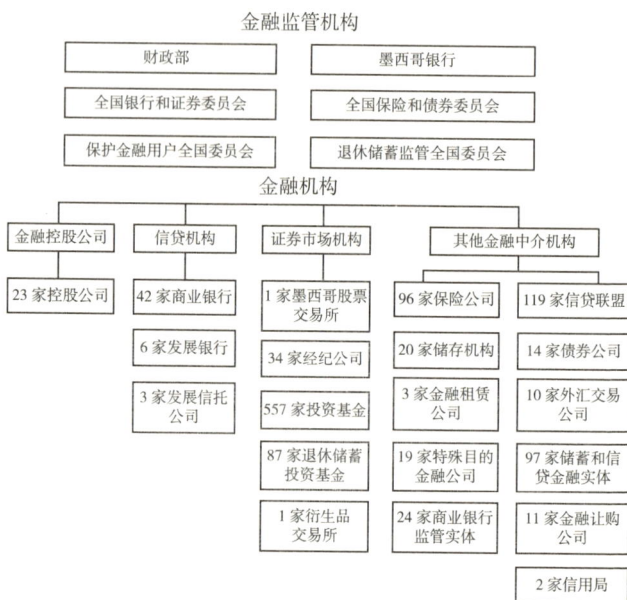

墨西哥金融体系

金融体系中除退休金和保险业外其他全部内容的监管。由于大型金融机构，特别是商业银行的总部大多设在首都墨西哥城，全国银行和证券委员会在全国各地没有设立分支机构。

（2）墨西哥银行业

墨西哥商业银行体系从 20 世纪 90 年代初开始实施私有化改革，其后几年，银行体系内的风险未能得到有效控制，终于在 1994 年金融危机爆发后陷入困境。1995 ~ 1996 年，墨西哥逐步放开对外资持有银行股份的限制，外国银行竞相通过并购进入墨西哥银行业并占据了大部分市场份额。外资进入并主导墨西哥银行业，一方面使得银行的经营运作更规范、更稳健；但另一方面，也使得银行业整体向风险厌恶型转变，对本国实体经济的融资作用减弱。

2009 年 3 月 16 日，墨西哥与中国、俄罗斯等国家成为巴塞尔银行监管委员会新成员。

墨西哥银行系统主要由商业银行、发展银行及有特定经营宗旨的金融公司组成。其中，商业银行资产占全国金融系统总资产的 45.5%。

1）墨西哥商业银行

目前，墨西哥共有商业银行 42 家。根据墨西哥央行数据，截至 2014 年 6 月，商业银行资产总额为 5.11 万亿比索；截至 2014 年 5 月，商业银行平均资本充足率为 15.44%。

墨西哥银行业是全球较为开放的银行业之一，金融系统的外资比例超过 80%，为拉丁美洲国家最高。前五大银行中只有北方银行（Banorte）为政府控股，其余四家均为外资控股，具体为西班牙银行控股的 BBVA Bancomer、美国花旗银行控股的 Banamex、西班牙银行控股的桑坦德银行（Banco Santander）和英国资本控股的汇丰银行（HSBC Mexico），四家外资银行的资产占墨西哥银行业总资产的 69.4%。墨西哥银行业的集中度较高，前五大银行的贷款占 78% 的市场份额，存款占 80% 的市场份额。

墨西哥前五大银行

排名	名　称	标普评级	背景简介
1	BBVA Bancomer	BBB/Stable/A–2	占墨西哥约 20% 的市场份额，现由西班牙 BBVA 集团控股
2	Banamex	BBB/Stable/A–2	墨西哥第二大银行，现为花旗集团子公司
3	Banorte	BBB–/Positive/A–3	隶属于墨西哥历史最长的金融集团——Grupo Financiero Banorte，在墨西哥和西班牙上市
4	Banco Santander	BBB/Stable/A–2	西班牙桑坦德金融集团子公司
5	HSBC Mexico	BBB/Stable/A–2	前身为 Bital 银行，2002 年被汇丰集团收购，成为其子公司

　　墨西哥的中小型商业银行共有 20 家左右，资产约占墨西哥银行业总资产的 10.5%，主要是一些区域性银行和小银行。

　　允许商业连锁机构进入是墨西哥银行业的一大特色。这类银行共有 5 家，都是在最近几年内成立的，其控股股东均为墨西哥的零售业巨头。银行监管当局允许这些大型零售商设立银行的初衷是为消费者提供更多的金融服务渠道。由于这些大型零售商具有数量众多的连锁商店和稳定的客户群体，以此为基础开设银行不仅能够发挥规模经济的效应，而且还可以利用自身在零售业方面的专长更好地向消费者销售各类银行产品。根据墨西哥央行的数据，这 5 家商业连锁机构控股银行的资产占墨西哥银行业总资产的 1.6%。

　　墨西哥银行业中还有一类银行是外国银行在墨西哥建立的子行，这类银行共有 14 家，其母公司均为美国、欧洲和日本的大型银行。这 14 家外国银行子行的资产占墨西哥银行业总资产的 5.3%。

2）墨西哥发展银行

　　发展银行是政府为向某些优先发展的经济部门提供资金而建立的金融机构，主要有墨西哥发展银行、墨西哥外贸银行、墨西哥金融公司、墨西哥公共工程银行、墨西哥信贷银行等。其中最重要的是墨西哥发展银行，主要向生产型企业提供中期金融支持，促进投资公司的发展，监管股票市场运行和公共债券发行，并且担当政府债券的法定存托人。此外，墨西哥外贸银行也是墨西哥重要的发展银行之一，它主要负责为本国的对外贸易提供担保和促进服务，其主要资金来源于银行资本、外国贷款及自身经营活动的利润。

扩展阅读：墨西哥主要银行简介

1. 墨西哥银行（Bank of Mexico）

　　墨西哥银行创建于 1925 年 9 月 1 日，是墨西哥的中央银行，其主要功能是稳定墨西哥货币，其他功能是促进金融体系良性发展和实现支付系统的最佳运作。1931 年 7 月，它开始发行墨西哥货币——比索。

2.BBVA Bancomer

BBVA Bancomer 成立于 1932 年，是墨西哥最大的金融机构，占据墨西哥约 20％的市场份额。自 2000 年以来，该银行的主要股东为西班牙对外银行。在 1982 年洛佩斯·波蒂略任总统时期，BBVA Bancomer 被国有化。

3. 墨西哥国家银行（Banamex）

墨西哥国家银行是墨西哥第二大银行。墨西哥国家银行于 1884 年 6 月 2 日由 Banco Nacional Mexicano 和 Banco Mercantil Mexicano 两家银行合并而来，这两家银行历史悠久，自 1882 年就开始经营。

4. 墨西哥北方银行（Banorte）

墨西哥北方银行是墨西哥的一家大型银行，总部设在蒙特雷。目前，它是墨西哥唯一没有外资入股的主要银行。墨西哥北方银行是墨西哥第三大银行。

5. 墨西哥汇丰银行（HSBC Mexico）

墨西哥汇丰银行是墨西哥第五大银行和金融服务公司，拥有 1400 多家分行和 5200 台自动取款机，在世界各地拥有 800 万客户。

6. 阿兹台克银行（Banco Azteca）

阿兹台克银行是一家墨西哥银行，该银行的业务覆盖墨西哥、巴拿马、危地马拉、洪都拉斯、秘鲁和巴西，是墨西哥覆盖范围最广的银行。它专门从事小额贷款和存款服务。阿兹台克银行拥有超过680万个储蓄账户、454.41亿比索存款，以及9000万美元信贷账户。

7. 康帕图银行（Compartamos Banco）

康帕图银行是一家墨西哥银行，成立于1990年，总部位于墨西哥城。康帕图银行是拉丁美洲最大的小额信贷银行，该银行为超过250万客户提供服务，从事信贷及保险业务。该银行在墨西哥拥有352个服务办事处。

8. BanRegio

BanRegio是一家墨西哥银行，该银行成立于1994年2月14日。它在墨西哥拥有约100家分行和165余部自动存款机。

9. 墨西哥公共工程银行（Banobras）

墨西哥公共工程银行是一家墨西哥国有开发银行。银行的核心业务是为墨西哥国家（市、州）政府提供项目融资。墨西哥公共工程银行

于 1933 年由总统阿贝拉尔多·卢汉·罗德里格斯成立。

10. 墨西哥外贸银行（Bancomext）

墨西哥外贸银行（Bancomext）是一家墨西哥国有银行和出口信贷机构，创建于 1937 年。它主要服务于国际市场上从事出口的中小型墨西哥公司。墨西哥外贸银行提供流动资金贷款、银团贷款、企业贷款、设备贷款、结构性信贷、工业仓储租赁、信用证、信托、风险投资基金、评估、外币银行存款、外汇交易和货币市场等服务。

（3）非银行金融机构

墨西哥的非银行金融机构主要包括证券交易市场和共同投资基金两大类。

墨西哥的证券交易市场分为股票交易和债券交易两部分，由全国银行与证券委员会依照墨西哥证券法进行协调和管理。目前，墨西哥只有 1 家证券交易中心，即墨西哥股票交易所。据墨西哥《金融家报》报道，少数几家公司集中占据了墨西哥股票交易所的资本和私人债务市场。

（4）辅助信贷机构

主要包括保险公司、债券公司、外汇交易公司、金融租赁公司等。

（5）非官方的金融服务业机构

如墨西哥银行业协会和墨西哥保险机构协会，它们虽然不能作为金融实体开展业务，但却是促进墨西哥金融体制完善和发展的重要组织。

扩展阅读：信用卡使用

墨西哥信用卡的过期违约利率非常高，甚至超过了美国、加拿大和欧洲各国，过期需缴纳 50% 年利率的情况并不鲜见。按照墨西哥当地的习惯，一般仅接受维萨（VISA）及万事达（MASTER）等国际通用的信用卡。

2 墨西哥金融机构运作的法律环境

（1）外资银行的设立

墨西哥监管机构对外国银行进入的基本态度是鼓励和欢迎的。特别是最近几年，受累于全球金融危机的蔓延和深化，外资银行的进入被墨西哥看成对其信心的表现，因而较前几年相对容易。但按照墨西哥银行机构法规定，墨西哥禁止任何被外国政府持有 10% 以上的银行在墨西哥从事银行业务活动，即政府控股银行不能在墨西哥设立经营性机构，只能设立代表处。

墨西哥本届政府执政以来加大了改革力度，先后提出了金融改革法案、能源改革法案和教育改革法案。在金融改革法案中提出，将有条件地取消对外国国有控股银行在墨西哥设立经营性机构的限制。目前该法案已于 2013 年 12 月经议会审批通过，政府控股银行在经监管部门审核满足以下两个条件的前提下，可在墨西哥设立经营性机构：

1）申请设行机构虽然是政府控股，但并不承担任何政府行政职能；

2）申请设行机构虽然是政府控股，但是具有相对独立和完善的公司治理机制。

（2）对外资银行的监管要求

外国银行在墨西哥设立经营性机构只能是子行，而不允许采用分行形式。子行牌照在墨西哥按照营业范围分为三类，大部分银行采用全功能牌照，可以从事贷款、存款、衍生品、证券、信托等各类业务，最低资本金要求约为 3300 万美元。

这些银行必须遵守与墨西哥本国银行一样的监管法规，包括资本充足率要求和关联方贷款限制等。外国银行必须每季度向国家银行和证券委员会进行书面报告（必须采用西班牙语）。

墨西哥金融监管当局对内控情况也十分重视，内控的具体内容包括银行在风险管理、授信、反洗钱、资金运作、KYC（充分了解你的客户）等方面的操作规章制度。

此外，墨西哥有一定的外汇管制，个人是不能随意开立美元账户的，但是公司客户不受限制。当地货币的利率是央行指导下的市场化利率。墨西哥对银行资本充足率的要求遵照巴塞尔协议Ⅲ，银行经营的头三年资本充足率必须在 18% 以上，如此利润才能在完税后汇出墨西哥。

特别提示

★ 根据金融改革后的有关法规要求，2014 年起每月 15 日，墨西哥全国银行和证券委员会公布上月的银行机构违规处罚情况。

★ 2012 年墨西哥全国银行和证券委员会批准了 6 家新银行，2013 年批准了 1 家，新成立的这些银行都有专门领域，但运行两年多来，经营情况都很差，这 7 家银行中仅有 1 家略有盈余，其他都亏损。

★ 据墨西哥经济竞争委员会金融领域调研报告，墨西哥金融领域存在的问题主要有：自动柜员机主要集中在大银行；提取现金手续费过高；在柜员机、移动终端付费和贷款信息查询等服务方面，非本银行用户无法使用；用户将贷款产品从一个银行机构向另一个机构转账困难；与商品房相关的个人贷款透明度和清晰度不够。

★ 2013 年，中国国家开发银行在墨西哥设有墨西哥国家工作组，中国银行也派代表在墨西哥与当地银行 Banorte 进行合作。现阶段，中国银行、中国工商银行正在墨西哥筹设子行。

中国银行墨西哥子行筹备组的联系方式：

电话：0052-1-55-66784268，0052-1-55-51689980

电邮：mexicopg@bankofchina.com

中国银行墨西哥子行筹备组一行于中国驻墨西哥大使馆合影

墨西哥
MEXICO

第四篇

双边关系

墨西哥
MEXICO ....

一　双边政治关系

墨西哥与中国于 1972 年 2 月 14 日建交。在发展与亚洲国家关系过程中，墨西哥重视发展并积极开拓与中国的关系，期望能在中国经济高速发展的过程中找到双赢机会。2003 年 12 月温家宝总理访墨期间，与福克斯总统共同宣布中墨两国建立"战略伙伴关系"。2004 年 8 月，中墨政府间常设委员会成立。2008 年 7 月，卡尔德龙总统访华，两国签署了有关引渡、投资保护、检验检疫、社会发展等领域的协定，两国宣布建立战略对话机制。2010 年 7 月，中墨召开两国常设委员会第四次会议，双方签署了《2011 年至 2015 年共同行动计划》。2012 年中墨签署的重要双边协议有：《中华人民共和国政府和墨西哥合众国政府关于保护、保存、返还和追索文化财产及防止盗窃、盗掘和非法进出境文化财产的协定》《中华人民共和国科学技术部和墨西哥合众国国家科技理事会科技合作协议》《中华人民共和国政府和墨西哥合众国政府关于海关行政互助与合作的协定》《中华人民共和国国家林业局与墨西哥合众国环境和自然资源部关于林业合作的谅解备忘录》。

2013 年，两国领导人实现互访。4 月 5～7 日，墨西哥总统培尼亚访问中国并出席博鳌亚洲论坛年会，与习近平主席就加强双边关系进行了交谈并达成重要共识；6 月 4～6 日，应墨西哥总统邀请，国家主席习近平对墨西哥进行国事访问，中墨关系提升为"全面战略伙伴关系"。

　　2014 年 11 月墨西哥总统培尼亚来华进行国事访问并出席亚太经合组织第二十二次领导人非正式会议。这是培尼亚总统继 2013 年 4 月参加博鳌论坛之后，在总统任内的第二次访华，它打破了以往历届墨西哥总统任期内只访华一次的先例，充分表明墨西哥政府对发展对华关系的高度重视。两国共同发表了《关于推进中墨全面战略伙伴关系的行动纲要》，决定启动研究和制定《中墨政府间两国常设委员会 2016 年至 2020 年共同行动计划》。高铁项目的流产没有成为阻碍中墨关系发展的障碍。国家主席习近平同培尼亚总统为中墨关系发展定方向、绘蓝图，决定打造"一二三"合作新格局，推动中墨"全面战略伙伴关系"发展。

　　墨西哥是拉美地区的大国，也是全球重要的新兴大国，一直以来在国际和地区事务中扮演着重要的角色。近年来，中国大力发展中拉关系，但墨方认为，中国在拉美打造"一南一北"核心时（即南为巴西、北为墨西哥），对巴西投入较多，对墨西哥投入相对不足。

二 双边经济关系

2001 年 9 月中墨就中国加入世界贸易组织达成双边协议，墨西哥承诺在中国入世 6 年后取消违反世界贸易组织有关规定的反倾销措施。

中墨两国经济互补性很强。据墨西哥经济秘书处统计，2014 年墨西哥与中国的双边贸易额为 722.4 亿美元，增长 6.6%。其中，墨西哥对中国出口 59.8 亿美元，下降 7.5%；自中国进口 662.6 亿美元，增长 8.0%。贸易逆差 602.8 亿美元，增长 9.9%。中国为墨西哥第三大出口目的地和第二大进口来源地。

运输设备、矿产品和机电产品是墨西哥对中国出口的前三大类商品，2014 年出口额分别为 21.9 亿美元、19.5 亿美元和 19.5 亿美元，运输设备出口增长 35.3%，矿产品和机电产品出口分别下降 24.5% 和 25.5%。三类商品出口额合计占墨西哥对中国出口总额的 80.6%。

墨西哥自中国进口的主要商品为机电产品，2014 年进口额为 433.8 亿美元，增长 5.5%，占墨西哥自中国进口总额的 65.5%。在此类商品上，中国的主要竞争对手是美国、韩国、日本和德国等。此外，在墨西哥家具、玩具的进口市场上，中国产品具有较强的竞争力，占墨西哥该类产品进口市场的 40.7%。在墨西哥贱金属及其制品、塑料橡胶等商品的进口市场上，中国是仅次于美国的第二大进口来源国。

墨西哥现为中国在拉美地区的主要投资对象国之一。目前在墨西哥的中资企业有 57 家，中方投资 4 亿美元；墨西哥在华投资项目有 109 个，实际投资 6527 万美元。中方在墨西哥投资和承包的项目主要有新天国际经济技术合作公司农业综合开发项目、华源集团棉纺厂项目、中国石油天然气集团公司和中国石油化工集团公司石油技术服务项目。

2014 年 11 月，中墨双方提出将重点采取行动，促进相互投资：落实好由中墨两国共同出资、第一阶段金额为 12 亿美元的中墨投资基金，用于积极推动基础设施、工业、旅游和能源等领域的投资合作。双方将继续共同努力，使基金达到目标规模（24 亿美元），将其打造成推动两国企业战略伙伴关系发展的优先机制。

特别提示

★ 国家主席习近平同培尼亚总统打造的"一二三"合作新格局，即以金融合作为引擎，以贸易和投资合作为主线，以基础设施、能源、高新技术合作为重点。

★ 2013 年，培尼亚政府提出了一系列涉及财政、能源、教育等领域的改革方案，其中不少已经获得议会通过。墨西哥在能源和财政等领域取得的改革进展为一些欲赴墨西哥投资的中国企业提供了有利条件，也会使两国相关领域的合作更加顺利。

★ 中墨经贸关系中仍存不稳定因素，墨西哥取消了与中国铁建集团签订的高铁建设合同，也成为中国与墨西哥之间不稳定关系的例证。

★ 墨美关系仍是墨西哥的外交重点，美国将墨西哥视为"后院"。中资公司在墨西哥投资时，应尽量避免触及美国的核心利益。

★ 墨西哥工会力量比较强大，其中也不乏黑帮势力介入。因此，在投资时要慎重处理与工会的关系。

★ 墨西哥认为，中国在纺织业等方面与墨西哥存在同质竞争。因此，中资企业在墨投资或进行贸易时，要尽量避免与墨优势产业的同质竞争。

三　墨西哥当地华人商会、社团

墨西哥于 2011 年建立中资企业商会，并在当地合法注册，会长单位为中石化国际石油工程墨西哥有限公司，目前共有 26 家会员企业。中资企业商会为会员企业提供当地财税、海关、移民等方面的法律、法规等与中资企业密切相关的咨询和课程培训，让企业了解当地情况，规避风险，并按期组织会员企业会谈，了解会员企业所遇到的困难，协助解决，同时也为会员企业提供交流经验和教训的机会。

墨西哥中资企业商会的联系方式为：

邮箱：xjxtcyxfm@126.com

地址：Humboldt No.56 Entre Balderasy Art.123

　　　Col.Centro，Del. Cuauhtemoc，C.P. 06050

　　　Mexico，D.F.

其他各商会名单具体如下。

（1）墨西哥中华企业协会

ASOCIACION DE EMPRESARIOS ZHONGHUA EN MEXICO，A.C.

地址：Calle Independencia No.18

　　　Col. Centro，Del. Cuauhtemoc，C.P. 06600

　　　Mexico，D.F.

邮箱：asociacion.zhonghua@prodigy.net.mx

网址：www.aezm.org

（2）墨西哥浙江商会

CAMARA DE EMPRESARIOS ZHEJIANG EN MEXICO，A.C.

地址： Calle Independencia No.18

Col. Centro，Del. Cuauhtemoc，C.P. 06600

Mexico，D.F.

邮箱： asociacion.zhonghua@prodigy.net.mx

网址： www.aezm.org

（3）墨西哥中国人总商会

CAMARA GENERAL DE EMPRESARIOS CHINOS EN MEXICO

地址： Calle Hamburgo No.140

Col. Juarez，C.P. 06600

Mexico，D.F.

邮箱： chenfa28@hotmail.com

网址： www.cachimex.org

（4）墨西哥西北地区华商总会

CAMARA DE EMPRESARIOS CHINOS DEL NOROESTE EN MEXICO

地址： Blvd. Lopez Mateps 562 A

Maxicali，B.C.，C.P. 21100，Mexico

邮箱： zhencali888@gmail.com

网址： www.Empresarioschinos.com

（5）墨西哥华人华侨社团联合总会

CONFEDERACION GENERAL DE ASOCIACIONES
CHINAS EN MEXICO, A.C., CACHIMEX

邮箱：sinorichmexico@hotmail.com

网址：www.cachimex.org

　　　　www.expochinamexico.com

四　墨西哥当地主要中资企业

境内投资主体	境外投资企业（机构）	归属	经营范围
中国葛洲坝集团国际工程有限公司	中国葛洲坝集团墨西哥有限公司（墨西哥）	中央企业	水利水电、电力、港口、公路、机场、铁路、城市轨道、房屋建筑、桥梁、河道疏浚、基础工程处理、市政及工业与民用建筑等建设工程的总承包及工程采购、施工、项目管理；与上述业务相关的技术开发、服务和转让；机电设备、工程机械的安装、销售与租赁；建筑材料的生产和销售；实业投资及资产管理业务；进出口业务
中国石油工程建设公司	中国石油工程建设（墨西哥）有限责任公司	中央企业	开拓墨西哥能源行业工程建设市场；承建石油石化和天然气工程项目；劳资、税务、审计和行政事务等方面的管理
中国机械设备工程股份有限公司	西麦克墨西哥工程有限责任公司	中央企业	①执行以总公司名义签约的工程项目境外部分的工作；②为CMEC当地经营提供服务；③参与当地项目投标及深度市场开发；④为总公司提供当地信息传递及市场反馈
中国石油技术开发公司	中国石油技术开发公司驻墨西哥办事处	中央企业	在墨西哥开展石油物资装备市场开发和推广；配合公司总部在墨西哥合同的执行；代表公司在墨西哥进行对外交流与联络
中国水电建设集团国际工程有限公司	中国水电墨西哥股份有限公司	中央企业	水利水电工程、矿山工程、房建工程、桥梁道路工程、港口与机场工程、市政工程、基础设施、城市轨道工程的投资、勘探、设计咨询、施工、监理以及总承包；机电设备、施工机械的制造、安装和供货以及进出口等相关业务

续表

境内投资主体	境外投资企业（机构）	归属	经营范围
中铁二十四局集团有限公司	中铁二十四局集团有限公司墨西哥分公司	中央企业	工程建设项目总承包，设计以及项目管理和相关的技术与管理服务，工程测量，房地产开发经营，建筑装饰，钢结构加工、安装，机械设备租赁，预拌商品混凝土及预制构件的加工和销售，综合技术服务及咨询，仓储、贸易，工程所需设备、材料进口，招聘境外工程所需劳务人员
中国铁建股份有限公司	中国铁建墨西哥有限公司	中央企业	工程总承包、专业承包；房地产开发；工程勘察设计；货物进出口、技术进出口、代理进出口；技术开发、技术转让、技术服务；机械设备租赁；销售机械设备、建筑材料；物业管理；资产管理
中工国际工程股份有限公司	中工国际墨西哥工程公司	中央企业	承接当地各类工程承包项目、设计咨询服务、进出口贸易、投资等
中国石化集团国际石油工程有限公司	PEPSA 钻井合资公司	中央企业	钻井、修井、完井和维护；油气开发研究、设计、基础设施建设；租赁、销售与上述业务相关设备和工具
中国石化集团国际石油工程有限公司	DSC 人力资源合资公司	中央企业	向墨西哥或外国公司提供人力资源相关服务，包括但不限于行政管理、人员招聘、财务及税收服务、咨询服务、审计服务、技术咨询及财税策划

详细中资企业名录请参见：

中国商务部"中国对外投资和经济合作"网站⇨"境外企业（机构）"，相关网址为 http://wszw.hzs.mofcom.gov.cn/fecp/fem/corp/fem_cert_stat_view_list.jsp。

特别提示：中国企业如何更好地融入当地社会？

★ 处理好与政府和议会的关系

企业应与中国驻墨西哥大使馆保持密切联系，还要与投资项目所在地的政府和议会保持良好关系。拜访相关部门，会见时，可向对方积极阐明公司的投资计划，及其对主管部委所属产业和当地就业率的贡献。

企业要充分利用中国驻墨西哥大使馆经商参处，就有关问题和墨西哥移民局、经济部、矿业部等政府部门进行沟通，了解或澄清相关信息，听取墨西哥政府在投资经营各方面给予的意见和建议。

★ 处理好与工会的关系

墨西哥工会实力很强，影响很大。如果劳资双方未能就劳工福利待遇达成一致，工会可能组织罢工以施加压力。因此，在劳资纠纷谈判中，要讲究谈判策略，尤其要做好工会领导人的工作。保持用工合法化和员工关系和谐，加强与员工的沟通和对合理化建议的采纳，支持合法合理的员工工会活动。

在具体劳工问题的处理上，一定要通过律师与其协调和沟通，每年年底公司都要与工会进行集体劳动合同的审核工作。当公司的劳工政策发生变化时，要及时知会工会主席，必要时也要通过律师与其谈判。中国公司与工会关于中墨员工比例的协议是公司与移民局谈判、争取中国专家签证的一项重要依据。

★ 学会与执法人员打交道

墨西哥警察主要分为联邦警察、州警察及市级警察，他们互相独立又相互协作，共同维护国家秩序，打击犯罪行为。墨西哥的法律烦琐，有时对同一事情要求不一，要耐心地把问题搞清楚，从容应对。了解当地基本的法律规定，谨慎遵守，合法纳税，避免商业贿赂，必要时可向中国驻当地使领馆求助。

★ 学会与媒体打交道

在保守国家秘密和商业秘密的前提下，应不卑不亢地面对媒体，寻找信誉良好、经验丰富的媒体进行企业品牌和产品的宣传。

★ 积极承担社会责任

中国企业应承担适当的社会公益活动。墨西哥慈善中心的网站上列举了很多符合墨西哥标准的社会责任行为。此外，注意保护生态环境的法律非常必要，可使企业在经营活动中免除麻烦。

墨西哥
MEXICO

附　录

墨西哥
MEXICO ....

附录一 世界银行·营商环境指数

为评估各国企业营商环境，世界银行通过对全球国家和地区的调查研究，对构成各国的企业营商环境的十组指标进行了逐项评级，得出综合排名。营商环境指数排名越高或越靠前，表明在该国从事企业经营活动条件越宽松。相反，指数排名越低或越靠后，则表明在该国从事企业经营活动越困难。

墨西哥营商环境排名

墨西哥	
地区	拉丁美洲及加勒比海地区
收入类别	中高收入
人均国民收入总值（美元）	9980
营商环境 2016 年排名：38，与上年相比，前进 4 名	

墨西哥城营商环境概况

下表同时展示了墨西哥城各分项指标与"世界领先水平"的距离，"世界领先水平"反映了《2016 年全球营商环境报告》所包含的所有经济体在每个指标方面（自该指标被纳入《营商环境报告》起）表现出的最佳水平。每个经济体与领先水平的距离以从 0 到 100 的数字表示，其中 0 表示最差表现，100 表示领先水平。

指　标	墨西哥城	拉丁美洲及加勒比海地区	经合组织
开办企业			
2016 年与世界领先水平的距离（百分点）：88.86			
程序（个）	6.0	8.3	4.7
时间（天）	6.0	29.4	8.3
成本（占人均国民收入的百分比）	19.2	31.0	3.2
实缴资本下限（占人均国民收入的百分比）	0	2.8	9.6
办理施工许可证			
2016 年与世界领先水平的距离（百分点）：71.28			
程序（个）	10.0	14.1	12.4
时间（天）	81.0	178.1	152.1
成本（占人均国民收入的百分比）	11.8	2.6	1.7
建筑质量控制指标（0 ~ 15）	12.0	8.3	11.4
获得电力			
2016 年与世界领先水平的距离（百分点）：71.83			
程序（个）	7.0	5.5	4.8
时间（天）	85.0	64.6	77.7
成本（占人均国民收入的百分比）	353.8	466.0	65.1
供电可靠性和电费指数透明度(0 ~ 8)	7.0	4.0	7.2
登记财产			
2016 年与世界领先水平的距离（百分点）：56.51			
程序（个）	7.0	7.0	4.7

续表

指　标	墨西哥城	拉丁美洲及加勒比海地区	经合组织
时间（天）	73.0	63.0	21.8
成本（占财产价值的百分比）	5.4	6.1	4.2
土地管理系统的质量指数（0～30）	14.0	11.5	22.7
获得信贷			
2016 年与世界领先水平的距离（百分点）：90			
合法权利指数(0～12)	10.0	5.3	6.0
信用信息指数(0～8)	8.0	4.7	6.5
私营调查机构覆盖范围（占成年人的百分比）	0	12.3	11.9
公共注册处覆盖范围（占成年人的百分比）	100	40.5	66.7
保护少数投资者			
2016 年与世界领先水平的距离（百分点）：58.33			
少数投资者保护力度指数（0～10）	5.8	4.9	6.4
纠纷调解指数（0～10）	6.0	5.2	6.3
披露指数	8.0	4.0	6.4
董事责任指数	5.0	5.2	5.4
股东诉讼便利度指数（0～10）	5.0	6.4	7.2
股东治理指数（0～10）	5.7	4.5	6.4
股东权利指数（0～10）	8.0	6.2	7.3
所有权和管理控制指数（0～10）	6.0	3.8	5.6
公司透明度指数（0～10）	3.0	3.6	6.4

指　　标	墨西哥城	拉丁美洲及加勒比海地区	经合组织
纳税			
2016 年与世界领先水平的距离（百分点）：73.67			
纳税（次）	6.0	30.1	11.1
时间（小时）	286.0	361.0	176.6
应税总额（占利润的百分比）	51.7	47.7	41.2
利润税（占利润的百分比）	25.4	20.0	14.9
劳动税及缴付（占利润的百分比）	25.4	13.2	24.1
其他税（占利润的百分比）	0.9	13.6	1.7
跨境贸易			
2016 年与世界领先水平的距离（百分点）：82.09			
出口耗时：边界合规（小时）	20.0	86.0	15.0
出口所耗费用：边界合规（美元）	400.0	493.0	160.0
出口耗时：单证合规（小时）	8.0	68.0	5.0
出口所耗费用：单证合规（美元）	60.0	134.0	36.0
进口耗时：边界合规（小时）	44.0	107.0	9.0
进口所耗费用：边界合规（美元）	450.0	665.0	123.0
进口耗时：单证合规（小时）	18.0	93.0	4.0
进口所耗费用：单证合规（美元）	100.0	128.0	25.0
执行合同			
2016 年与世界领先水平的距离（百分点）：65.95			
时间（天）	400.0	736.9	538.3

指　　标	墨西哥城	拉丁美洲及加勒比海地区	经合组织
成本（占标的额的百分比）	31.0	30.8	21.1
司法程序质量指数（0～18）	10.0	8.4	11.0
程序	**指标**		
时间（天）	400.0		
备案与立案	42.0		
判决与执行	175.0		
合同强制执行	183.0		
成本（占标的额的百分比）	31.0		
律师费（占标的物价值的百分比）	20.0		
诉讼费（占标的物价值的百分比）	5.0		
强制执行合同费用（占标的物价值的百分比）	6.0		
司法程序质量指数（0～18）	10.0		
办理破产			
2016年与世界领先水平的距离（百分点）：73.03			
回收率（每美元美分数）	68.9	31.2	72.3
时间（年）	1.8	2.9	1.7
成本（占资产价值的百分比）	18.0	16.6	9.0
结果（0为零散销售，1为持续经营）	1	0	1
破产框架力度指数（0～16）	11.5	7.2	12.1

指　　标	墨西哥城	拉丁美洲及加勒比海地区	经合组织
启动程序指数（0～3）	2.5	2.3	2.8
管理债务人资产指数（0～6）	5.5	3.1	5.3
重整程序指数（0～3）	1.5	0.5	1.7
债权人参与指数（0～4）	2.0	1.8	2.2

资料来源：世界银行《2016 年全球营商环境报告》。

附录二 其他领事馆信息

中国驻蒂华纳总领馆

(Consulate-General of the People's Republic of China in Tijuana)

地　　址：Av. Lomas del Monte 1614.

　　　　　Fracc Lomas de Agua Caliente, Primera Secciòn

　　　　　Tijuana, B.C. Mèxico

咨询电话：0052-664-6816771

领事保护电话：0052-664-4920455

传　　真：0052-664-6219762

跋

　　"丝绸之路经济带"和"21世纪海上丝绸之路"战略构想为沿线国家的经贸往来和文化融合带来千载难逢的机遇。作为中国唯一连续经营百年以上、机构网络遍及海内外40多个国家和地区的大型商业银行，中国银行在国际化经营水平、环球融资能力、跨境人民币业务等方面具有独特优势。随着国家"一带一路"战略梦想一步步走进现实，中国银行正励精图治，努力成为实现这个伟大梦想的金融大动脉。

　　"国之交在于民相亲，民相亲在于心相交。""一带一路"战略布局涉及区域广阔，业务广泛。它不仅是一条经济交通之路，更是一条民心交融之路，其建设发展在很大程度上取决于文化的影响力和穿透力。《文化中行——"一带一路"国别文化手册》的付梓，恰逢我行整合海内外资源、布局全球一体化协同发展的关键时期。《手册》以研究海外机构特点和服务对象需求为出发点，致力于解决文化冲突、促进文化融合，力求为海外机构提供既符合中国银行价值理念，又符合驻在国实际的文化指引。

　　《手册》在前期充分调研的基础上，与社会科学文献出版社共同编辑出版。《手册》紧紧围绕业务需求，深耕专业领域，创新工作思路，填补了我行海外文化建设领域的空白。这是中国银行在大踏步国际化背景下，抓紧建设开放包容、具有强大影响力的企业文化的需要，是发挥文化"软实力"、保持集团可持续发展的需要，更是投身国家重大战略部署、担当社会责任的需要。

社科文献出版社是我国社会科学研究领域的权威出版机构，在人文社会科学著作出版方面享有盛誉。在编纂过程中，特别邀请了外交部、商务部专家重点审读相关章节。针对重点领域的工作需要，设置了"特别提示"和"扩展阅读"，为"一带一路"发展战略提供了较为丰富的实例和参考。

文化的力量是无穷的。希望《文化中行——"一带一路"国别文化手册》行之弥远、传之弥久，以文化的力量推动"一带一路"金融大动脉建设，为实现"担当社会责任，做最好的银行"的战略目标添砖加瓦。

2015 年 12 月

后　记

　　《文化中行——"一带一路"国别文化手册》是中国银行在全力服从国家"一带一路"战略，依托百年发展优势，布局全球、协同发展的大背景下编撰的国别类文化手册。由中国银行企业文化部牵头，在办公室、财务管理部、总务部、集中采购中心的大力支持下，在社会科学文献出版社经管分社团队的共同努力下编辑出版。

　　手册在编辑过程中广泛征求了各海外分支机构的意见，得到了雅加达分行、马来西亚中国银行、马尼拉分行、新加坡分行、曼谷子行、胡志明市分行、万象分行、金边分行、哈萨克中国银行、伊斯坦布尔代表处、巴林代表处、迪拜分行、阿布扎比分行、匈牙利中国银行、卢森堡有限公司波兰分行、俄罗斯中国银行、乌兰巴托代表处、秘鲁代表处、仰光代表处、孟买筹备组、墨西哥筹备组、维也纳分行、摩洛哥筹备组、智利筹备组、毛里求斯筹备组、布拉格分行的大力支持，在此一并表示感谢。

　　编写组在编纂过程中参考了不同渠道的相关资料，主要包括外交部国家（地区）资料库，商务部"对外投资合作国别

（地区）指南 2014 版"，社会科学文献出版社"列国志"大型
数据库，以及中国银行海外分支机构提供的相关资料。

　　本手册系定期更新，欢迎各界提供最鲜活的资料，使手册
更具权威性和客观性。

图书在版编目(CIP)数据

墨西哥 / 中国银行股份有限公司, 社会科学文献出版社编.
—北京：社会科学文献出版社，2016.1
（文化中行：国别文化手册）
ISBN 978-7-5097-8432-7

Ⅰ.①墨…　Ⅱ.①中…　②社…　Ⅲ.①墨西哥-概况
Ⅳ.①K973.1

中国版本图书馆CIP数据核字（2015）第276689号

文化中行：国别文化手册
墨西哥

编　　者 / 中国银行股份有限公司
　　　　　社会科学文献出版社

出 版 人 / 谢寿光
项目统筹 / 恽　薇　王婧怡
责任编辑 / 王楠楠

出　　版 / 社会科学文献出版社·经济与管理出版分社（010）59367226
　　　　　地址：北京市北三环中路甲29号院华龙大厦　邮编：100029
　　　　　网址：www.ssap.com.cn
发　　行 / 市场营销中心（010）59367081　59367090
　　　　　读者服务中心（010）59367028
印　　装 / 北京盛通印刷股份有限公司

规　　格 / 开　本：889mm×1194mm 1/32
　　　　　印　张：4　字　数：85千字
版　　次 / 2016年1月第1版　2016年1月第1次印刷
书　　号 / ISBN 978-7-5097-8432-7
定　　价 / 48.00元